1972年2月，哈伊马角酋长国加入联邦。此图为联邦最高委员会成员的合影。

1972年4月14日，星期五。谢赫扎耶德·本·苏尔坦·阿勒纳哈扬总统殿下视察沙迦酋长国的扎伊德地区。

本书作者捐出由苏丹总统贾法尔·穆罕默德·尼迈里授予的勋章和绶带。

沙迦酋长

苏尔坦·本·穆罕默德·卡西米自传

II

危机岁月

1971—1977

[阿联酋] 苏尔坦·本·穆罕默德·卡西米 著

赵东林 译

图书在版编目（CIP）数据

沙迦酋长苏尔坦·本·穆罕默德·卡西米自传. 2，危机岁月：1971—1977/（阿联酋）苏尔坦·本·穆罕默德·卡西米著；赵东林译. — 南京：江苏凤凰文艺出版社，2017.10

ISBN 978-7-5399-4851-5

Ⅰ. ①沙… Ⅱ. ①苏… ②赵… Ⅲ. ①苏尔坦·本·穆罕默德·卡西米－自传 Ⅳ. ① K833.877=6

中国版本图书馆 CIP 数据核字（2017）第 213025 号

著作权合同登记号　图字：10-2016-601 号

书　　名	沙迦酋长苏尔坦·本·穆罕默德·卡西米自传 2 危机岁月 1971–1977
著　　者	[阿联酋] 苏尔坦·本·穆罕默德·卡西米
译　　者	赵东林
责任编辑	孙　茜
出版发行	江苏凤凰文艺出版社
出版社地址	南京市中央路 165 号，邮编：210009
出版社网址	http：//www.jswenyi.com
印　　刷	三河市华东印刷有限公司
开　　本	718 × 1000 毫米　1/16
印　　张	10.5
插　　页	8
字　　数	150 千字
版　　次	2017 年 10 月第 1 版　　2020 年 1 月第 2 次印刷
标准书号	ISBN 978-7-5399-4851-5
定　　价	198.00 元（全四册）

（江苏凤凰文艺版图书凡印刷、装订错误可随时向承印厂调换）

1974年7月，穆巴拉克油田喷出的第一道火焰，标志着联合酋长国产油时代的开始。

1973年6月，本书作者与美国国务院官员詹姆斯·艾金斯在美国首都华盛顿会谈。

1973年6月，本书作者在美国纽约拜会联合国秘书长库尔特·瓦尔德海姆。

1973年6月，本书作者参观亚利桑那大学环境研究所。

1973年7月，本书作者与阿拉伯国家联盟秘书长马哈茂德·里亚德交谈。

1973年7月，本书作者在访问位于埃及苏伊士市的前线期间，查看以色列巴列夫防线。

1973年7月，本书作者在靠近以色列的前线与埃及陆军军官会见并讲话。

1973年7月，本书作者与埃及总统安瓦尔·萨达特殿下会谈。

1973年7月，本书作者拜会开罗艾资哈尔清真寺长老。

1974年5月，谢赫扎耶德·本·苏尔坦·阿勒纳哈扬殿下访问沙迦梅沙龙学校。

1974年5月，本书作者与伊朗国王巴列维会谈。

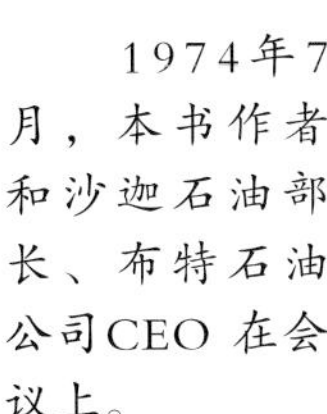

1974年7月，本书作者和沙迦石油部长、布特石油公司CEO 在会议上。

1974年7月，本书作者出席穆巴拉克油田开工投产仪式。

1975年3月，本书作者会见突尼斯总统哈比卜·布尔吉巴。

1975年11月，本书作者宣布历史性决定之后出席记者会。

1975年11月，支持地方机构并入联邦部门的民众在国民议会大楼前聚集。

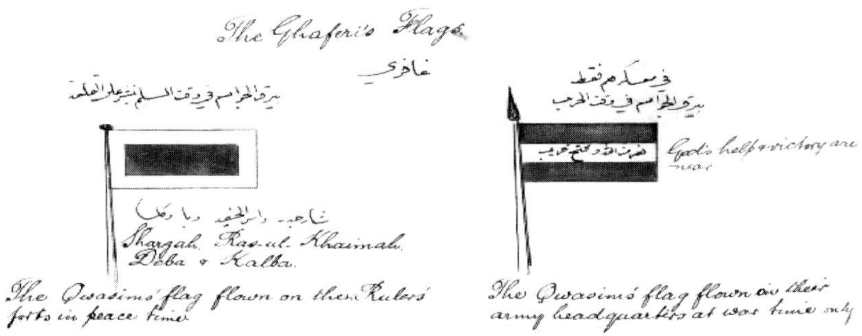

英国图书馆档案文件：左，1820年沙迦战败后，英国人强制沙迦使用的卡瓦西姆旗；右，被英国人弃用并更换的原卡瓦西姆旗。

1975年11月，本书作者向聚集在国民议会大楼前的民众发表演讲，庆祝地方机构并入联邦部门。

1975年11月，本书作者在新落成的交通部大楼前升起联合酋长国国旗。

1975年11月，联合酋长国国旗在沙迦国民议会大楼前升起。

1976年1月，本书作者与索马里总统西亚德·巴雷、艾哈迈德·哈桑会谈。

1976年1月，本书作者与苏丹总统贾法尔·穆罕默德·尼迈里会谈。

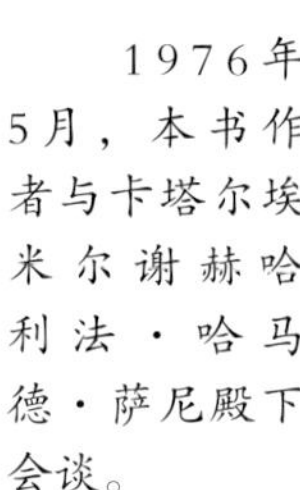

1976年5月，本书作者与卡塔尔埃米尔谢赫哈利法·哈马德·萨尼殿下会谈。

1976年5月，本书作者访问位于芝加哥的“伊斯兰民族”总部。

1976年5月，本书作者在“伊斯兰民族”的清真寺（芝加哥）发表演讲，左边是苏丹裔翻译。

1976年5月，“伊斯兰民族”领导人沃利斯·乌丁·穆罕默德在其教派位于芝加哥的清真寺发表演讲。

本书作者接受美国旧金山市市长赠送的“城市钥匙”。

1976年，本书作者在霍尔法坎考察。

1976年12月12日，本书作者与谢赫扎耶德·本·苏尔坦·阿勒纳哈扬总统殿下出席国庆盛典。

1976年，本书作者与谢赫扎耶德·本·苏尔坦·阿勒纳哈扬总统殿下在阿布扎比的巴哈尔宫。

1976年12月，本书作者迎接访问沙迦的也门总统易卜拉辛·哈姆迪。

1977年3月，本书作者会见叙利亚总统哈菲兹·阿萨德。

1977年6月，国家预算方案通过后，本书作者与谢赫扎耶德·本·苏尔坦·阿勒纳哈扬总统殿下。

目 录

Contents

前言

阿拉伯联合酋长国于1971年12月2日建国，起初只包括阿布扎比、迪拜、沙迦、阿治曼、乌姆盖万以及富查伊拉六个独立的酋长国。1972年2月10日，哈伊马角作为第七个酋长国，也是最后一个成员国加入联邦。1972年12月25日，我被推选为沙迦酋长。

本卷所记述的六年是沙迦更是整个联合酋长国快速发展的六年。生活在改变：从分治到统一，从恐惧到安宁，从失业到体面就业，从愚昧到受教育、有知识，从排斥到接受与包容，从寻求捐助者到捐助他人，种种变化，不一而足。

本卷的事件叙述主要按时间顺序。但我发现，聚焦话题本身有时要比严格的时间顺序更有助于呈现事件之间的联系。希望我的这部回忆录能够成为联合酋长国的儿女们可资利用的信息源。我祈求万能的真主对这本书护佑有加，因为“他是我的主，是我的依靠，也是我的归宿”。

我希望借此机会表达我对《联合报》主编和全体编辑最诚挚和衷心的感谢；对总统事务部国家档案研究中心的全体雇员，我也在此一并致谢。

谢赫苏尔坦 · 本 · 穆罕默德 · 卡西米

2012年2月

第一章

建国之初

1972年1月24日，阿拉伯联合酋长国成立后的第五十四天，我的兄长谢赫哈立德·本·穆罕默德·卡西米遇刺身亡。他死在沙迦酋长和联邦最高委员会成员的任上。

悲伤的日子

1972年1月26日，星期三，这一天是宰牲节。宰牲节的礼拜仪式过后，人们开始为我的亡兄做祷告，然后加入殡礼的队伍。走在队伍前面的是副总统，迪拜酋长谢赫拉希德·赛义德·马克图姆殿下，还有联邦最高委员会的诸位酋长殿下。阿治曼酋长，谢赫拉希德·本·侯麦德·纳伊米殿下当时去沙特阿拉伯的麦加朝觐，未能参加殡礼。在整个殡礼的过程中，男女老少含泪诵念祷文，祈求真主保佑逝者。在沙迦，我的亡兄是一位深受民众欢迎和爱戴的酋长。

在随后的七天里，我接待了一批批前来吊唁的人，他们来自联合酋长国各地和其他阿拉伯国家。哀悼期持续了四十天，阿拉伯联合酋长国降半旗致哀。

强硬立场

1972年2月2日，星期三。我召集沙迦政府高级官员开会，向他们通报国内事态的最新变化。我向他们宣布，一个由内务部领导的特别委员会已经成立，专门负责调查我兄长的遇害事件，保证将凶手绳之以法。

联邦建立仅仅数周时间就发生酋长遇刺事件，举国震惊。国防部长谢赫穆罕默德·本·拉希德·马克图姆发表了令人印象深刻的声明："联邦武装力量已进入最高戒备状态，随时准备挫败破坏联合酋长国统一和团结的任何企图！"声明还说："阿拉伯联合酋长国完全有能力阻止对其领土的任何侵略行动；我们奉劝图谋侵犯联合酋长国主权的那些人，贸然行事前要三思而行！我们将用钢铁般的意志坚决回击！我们的联邦军队已做好痛击敌人的一切准备，危害联邦及其独立的任何和所有的企图都将被粉碎！"声明还强调："联邦政府采取的每一步行动都是深思熟虑后的结果，阿拉伯联合酋长国全国境内目前形势安全稳定，民众无需担心。"

哈伊马角加入联邦

1972年2月6日，星期天。因哈伊马角酋长国加入联邦一事，担任副总统的迪拜酋长谢赫拉希德·本·赛义德·马克图姆在这一天面见总统谢赫扎耶德·本·苏尔坦·阿勒纳哈扬殿下。此前，沙特驻联合酋长国代表谢赫阿卜杜拉·法德尔一直斡旋于哈伊马角酋长谢赫萨克尔·本·穆罕默德·卡西米和谢赫拉希德·本·赛义德·马克图姆之间。和副总统见面之后，谢赫扎耶德总统做出决定，如果他自己能成功说服我接受哈伊马角加入联邦，那么哈伊马角就可以成为联邦的一员。此事必须征得沙迦的同意，因为根据哈伊马角1971年提出的加入联邦的条件，沙迦的利益会受到损害。

最高委员会会议定于1972年2月9日召开，我提前一天来到阿布扎比。但是在没有事先通知的情况下，会议被推迟到2月10日。到达的当天晚上，总统派人通知我去巴哈尔（“大海”之意）宫见他，说有要事相商。行过晚礼，我就出发了。到了巴哈尔宫，礼宾官领着我去拜见谢赫扎耶德总统殿下。我看见总统坐在棕榈树下的一块毡毯上，棕榈树的枝叶几乎垂到了地面，和他在一起的是副总统谢赫拉希德·本·赛义德·马克图姆殿下。

寒暄过后，我在他们两人中间的位置落座。谢赫扎耶德殿下开始发表意见：“哈伊马角如果不加入联邦，可能招致可怕的结果，所以我请求你，谢赫苏尔坦，请求你同意我们邀请哈伊马角酋长，谢赫萨克尔·本·穆罕默德·卡西米加入联邦。我会尽量满足沙迦可能提出的全部要求。”

我回答说：“我完全同意二位的看法，哈伊马角如果不加入联邦，后果会很严重，我也认为哈伊马角的加入会增加联邦的力量。至于让我向您提条件，换取我同意一个可以使联邦更加强大的主张，总统殿下，我不会这么做，这完全违背我的本心和原则。”

听我说完，谢赫拉希德·本·赛义德·马克图姆转向谢赫扎耶德，对他说：“扎耶德，这就是我跟您说过的苏尔坦的为人！因为要赶回迪拜，我现在就必须向二位告辞。”至于谢赫拉希德·本·赛义德·马克图姆那天晚上是如何谈论我的，我至今不得而知。

1972年2月10日，星期四。哈伊马角在这一天正式加入阿拉伯联合酋长国。

伊朗国王访问阿布穆萨岛

1972年3月6日，有消息说伊朗国王将访问阿布穆萨岛。如果这次访问最终成行，无疑等于打了阿拉伯联合酋长国的脸，因为阿布穆萨岛在历史上一直属于沙迦，阿拉伯联合酋长国认为自己现在对该岛拥有主权，反对伊朗的无理声明。

英国人出于自身利益考虑，要求伊朗国王推迟访问日期，同时建议伊朗国王先访问沙迦，或至少先就阿布穆萨岛问题交换意见，然后再登岛。

英国人还向我证实，已故沙迦酋长谢赫哈立德·本·穆罕默德·卡西米与伊朗方面有过协议，但伊朗国王的出访计划看起来与协议完全不符。就我个人而言，我希望阿拉伯世界会对此事做出强烈反应，从而使海湾地区的岛屿争端激化到非解决不可的程度。

我后来得知，沙迦警察总监鲍勃·伯恩斯先生从英国驻迪拜领事馆获得一份报告，而领事馆是在1972年3月29日收到这份来自德黑兰的报告。报告称："据早晨的报纸报道，伊朗总参谋长宣称国王已于日前访问了阿布穆萨岛，国王先到盖斯岛，然后再从那里前往阿布穆萨岛。"

报告上还说，伊朗国王受到阿布穆萨岛居民的热烈欢迎，并且听取了岛上的伊朗人关于在岛上修建军营的报告，以及发展岛上经济的专门计划。另外，在返回盖斯岛之前，他还视察了伊朗舰队的战备情况，颁布了几项旨在提高七百名岛上居民生活水平的法令。

另外，伊朗的《世界报》公布了几份报告，涉及在阿布穆萨岛修建水坝、医院和学校的专门计划。这家报纸还刊登了一篇报道，介绍一个已经开业运营的新市场。《世界报》后来还报道说，两支防预疟疾的医疗队已经在阿布穆萨岛开展工作，进一步发展渔业和贸易的计划也已经开始执行。

然而在外界的追问之下，阿布穆萨岛的居民否认他们与伊朗国王有过任何交谈。按照他们的说法，事情的全部经过就是伊朗国王乘坐一辆军用汽车从他们身边飞驰而过。

事件过后，阿布扎比的媒体对此事只字未提，也没有任何一个阿拉伯国家发出只言片语的抗议。

联合酋长国总统强化内外关系

1972年3月29日，联合酋长国总统谢赫扎耶德·本·苏尔坦·阿勒纳哈扬殿下开始了为期十天的国内视察行程。

4月14日，星期五。我在沙迦迎接谢赫扎耶德殿下的到来。总统的直升机从迪拜的哈瓦尼基飞来，那里是他视察期间的住地。谢赫扎耶德殿下在沙迦的扎伊德地区有一个农场，他的直升机将降落在农场前面一个叫巴塔（“大河谷”之意）的地方。和我一起迎候总统的是沙迦的一些知名人士，他们是贝都因人和沙迦当地人的代表。谢赫扎耶德和大家寒暄问候之后，众人散去。我单独留下和他交谈了大约一个小时，主要内容是那几位刺客的审判问题，他们刺杀了我的兄长，前任沙迦酋长谢赫哈立德·本·穆罕默德·卡西米。此外我们也谈到与其他酋长有关的政治话题。谢赫扎耶德所到之处，我们都会和当地的不同族群进行沟通和交谈。

作为给沙迦的见面礼，谢赫扎耶德总统将资助下列建设项目：

400套住房

10座清真寺

5家诊所

200口水井

200台水泵

谢赫扎耶德告诉我，他访问沙迦的成果远超预期，但是与一些当地人的交谈也令他感到难过，因为他们希望能够直接受益于一个统一的联邦国家。从总统说话的语气我清楚地感到，总统殿下会亲自关注和解决这些问题，他认为这是他的责任。

1972年2月，谢赫扎耶德总统殿下对苏丹、利比亚、叙利亚三国进行了重要访问，分别会晤了尼迈里、卡扎菲、哈菲兹·阿萨德三位总统，主要目的就是为了密切与所有阿拉伯国家的关系。他相信，这样做不仅仅是出于国家的需要，而且也是建立反对以色列的统一战线的唯一途径，尤其是在1967年战争之后，以色列占领更多阿拉伯领土的情况下。

在如此短的时间内，阿拉伯联合酋长国的经济、社会、文化建设取得了长足进步。谢赫扎耶德殿下的出访不仅反映了其他阿拉伯国家对这一成就的高度尊重和赞赏，更为重要的是，访问也凸显了联合酋长国在所在地区享有的国家尊严。这次访问同时也表明，所有的人都拥护和钦佩谢赫扎耶德总统对阿拉伯事业的支持，以及他在这一过程中所奉行的开放政策。

国家元首出访后通常会发表惯例性的官方声明，但是谢赫扎耶德在访问喀土穆、的黎波里、大马士革后分别发表的正式声明却没有循规蹈矩。这些声明真实地表达了谢赫扎耶德本人深信不疑的阿拉伯和本国的价值观及原则，强调必须全面认清阿以冲突的形势，即使那些非以色列邻国的阿拉伯国家也应如此。此外，声明完全支持巴勒斯坦人民重返家园的权利和反抗行动，并呼吁制定策略，以加强巴勒斯坦人民的团结。这些声明还明确了步骤，建立一个由共和体制的阿拉伯国家组成的联邦，阿拉伯联合酋长国将与之共同致力于建立一个更大的联合体，包括“从大西洋到阿拉伯湾”的所有阿拉伯国家。

外国总统首次访问阿拉伯联合酋长国

联合酋长国外交政策的目标是全面发展对外关系，重点是密切与阿拉伯国家的关系。为实现这一目标，总统殿下向苏丹总统贾法尔·尼迈里阁下发出访问邀请，苏丹方面做出了正面回应。1972年4月23日，尼迈里总统抵达阿布扎比，受到联合酋长国官方和民众高规格的热烈欢迎。

我在沙迦委员会会见了到访的尼迈里总统，其间他授予我“苏丹荣誉绶带”。在授勋仪式上，喀土穆人民宫礼宾司副司长纳比尔·穆拉德先生代表尼迈里总统发言：

为感谢您为沙迦和阿拉伯联合酋长国的进步和人民福祉做出的杰出贡献，同时也为庆祝因谢赫扎耶德总统殿下盛情邀请而得以实现的此次幸会，我非常荣幸地代表苏丹民主共和国政府和人民，授予您，沙迦酋长谢赫苏尔坦·本·穆罕默德·卡西米殿下，“苏丹荣誉绶带”，并衷心希望您予以接受！

尼迈里总统还将“苏丹荣誉绶带”授予：

阿治曼酋长，谢赫拉希德·本·侯麦德·纳伊米

哈伊马角酋长，谢赫萨克尔·本·穆罕默德·卡西米

乌姆盖万酋长，谢赫艾哈迈德·本·拉希德·穆阿拉

阿布扎比王储，谢赫哈利法·本·扎耶德·阿勒纳哈扬

迪拜王储，谢赫马克图姆·本·拉希德·马克图姆

英国人很生气

阿拉伯联合酋长国总统谢赫扎耶德·本·苏尔坦·阿勒纳哈扬数次出访并发表声明，扮演了活跃的区域角色，这让英国人很生气。和英国人一起生气的是伊朗国王和他的外交大臣哈拉巴里。让英国和伊朗尤其担心的是，谢赫扎耶德建立联系的恰恰是他们不愿意联合酋长国与其有任何瓜葛的那些国家。在1972年5月31日给上司的信中，英国外交部中东处主任帕特里克·莱特先生流露出了这种愤怒情绪：

在外交方面，这位总统（谢赫扎耶德）还远不能称得上成功。他访问苏丹、利比亚、叙利亚后都发表了公报；为了支持利比亚对英国石油公司国有化，他的石油大臣访问了利比亚，随后也有公报发表。我们对此深感痛心。这位总统决定与苏联互派外交使团，这一点也极为令人担心。我们相信，顾忌到周边国家和我们对此事

的反应，这位总统也许会重新考虑自己的决定。然而从目前的情形看，他会坚持自己的决定，而且苏联外交官在不久的将来就会到达阿联酋。

帕特里克·莱特先生还在信中谈及“替换谢赫扎耶德的可能性”，关于这个话题他写道：

所以，伊朗方面对阿联酋总统的行为和政策表现出的焦虑，我们感同身受。但是我们认为，除了接受谢赫扎耶德继续完成总统任期（五年），我们别无选择。如果试图另换他人，我们会冒很大的风险。原因如下：

一、扎耶德在他的酋长国深受民众爱戴。他对阿布扎比众多部落表现出的慷慨大方使他赢得了尊重和支持。让另一家族成员取而代之的任何企图，几乎毫无疑问地都会引发对立的两派支持者之间毁灭性的冲突。

二、[1]

三、阿布扎比，或者任何一个酋长国的政府机器完全由外籍顾问所掌控，他们当中的绝大多数是巴勒斯坦、埃及、黎巴嫩，还有苏丹人，在政府中根深蒂固。如果将他们清除，政府机器将会完全陷于瘫痪，并且引发阿联酋与更为极端民族主义的阿拉伯国家之间的关系危机。因此，任何一个新的酋长都会和现在的谢赫扎耶德一样，只不过是他的顾问们的囚徒而已。

四、不存在将阿联酋的总统职位从阿布扎比改换

1 此项内容尚未解密。

到迪拜的问题，因为缺了阿布扎比的资金，联邦就会垮掉。与扎耶德相比，迪拜酋长谢赫拉希德在贝都因人中的支持度非常有限。我们也几乎不会怀疑，如果副总统试图取而代之，阿布扎比和迪拜之间将会爆发严重对抗，结果导致阿联酋的完全崩溃，随之而来的沿特鲁西尔海岸的动荡最终将损害英国和伊朗的利益，因为两国的目标是保持海湾地区的稳定。

莱特先生得出的结论是："基于上述原因，我们非常希望伊朗方面不要采取任何旨在取代扎耶德总统的行动。"

1972年6月1日，英国外交大臣会见了伊朗外交大臣哈拉巴里先生，后者声称："伊朗国王个人对谢赫扎耶德的所作所为感到非常气愤。"

英国外交大臣在关于这次会晤的一份报告中写道：

哈拉巴里先生面临的最为首要的问题也许是阿拉伯联合酋长国总统扎耶德先生（在最近访问苏丹、利比亚、叙利亚三国的声明中）表现出的对伊朗的敌视态度。

从哈拉巴里先生的暗示中似乎可以看出，伊朗国王也许已经在考虑取代谢赫扎耶德的办法。英国驻德黑兰大使在一些场合暗示说，这样做会使局面难以收拾。然而，伊朗国王似乎并没有被我们的观点说服。这次会晤，我们的主要目的就是要力促哈拉巴里先生放弃深藏心中、武力推翻扎耶德的冲动，因为此举的唯一结果就是阿拉伯联合酋长国四分五裂，而且无法保证扎耶德的继任者愿意或者有能力奉行更为温和的政策。

伊朗人的圈套

伊朗国王似乎已下定决心无视英国人的劝告，一意孤行。1972年5月，英国和伊朗的代表试图说服我接受他们代表伊朗国王向我发出的访伊邀请。我和谢赫扎耶德私交很好，收到的所有出访邀请都会告诉他。后来我发现，所谓的国王邀请只不过是伊朗人设下的圈套，企图在我和谢赫扎耶德总统之间打进一个楔子。1972年6月，英国驻阿布扎比大使C.J.特雷德韦尔写信给英国驻德黑兰大使N.W.布朗，信中说："关于沙迦酋长是否有可能访问伊朗一事，感谢你5月26日写给领事馆的信。这份邀请，尤其是它一旦被接受，将会成功地毁掉扎耶德和苏尔坦的亲密关系。"

最高委员会巩固权力

1972年6月9日，星期日。这一天沙迦和富查伊拉在卡尔巴地区发生小规模武装冲突，交火持续了两天，造成四人不幸身亡和少数轻伤。联邦军队出面干预，很快平定了局势，秩序得以恢复。紧接着在6月12日，谢赫扎耶德殿下安排在阿布扎比的巴哈尔宫召开会议，这样做是为了让我和富查伊拉酋长谢赫穆罕默德·本·哈马德·沙尔基殿下能够在有多名政要在场的情况下会面。那天到会的有阿布扎比王储谢赫哈利法·本·扎耶德·阿勒纳哈扬殿下、总理谢赫马克图姆·本·拉希德·马克图姆殿下、外交部长艾哈迈德·本·哈利法·苏韦迪先生殿下。会议在讨论沙迦和富查伊拉冲突时，着眼于谋求长久和平的解决方案。这是联邦当局的第二次干预行动，以证明政府完全有能力处理好内部争端。

这一不幸事件发生两周后，也就是联邦成立七个月之后，1972年7月17日，联邦最高委员会召开会议。会议由谢赫扎耶德·本·苏尔坦·阿勒纳哈扬总统殿下主持。在会上，总统殿下明确了建设强大国家的目标，号召全力推进目标的实现，为全体国民提供安全、就业、教育和住房保障。

会议讨论了涵盖各个领域的国家总体政策，沙迦——富查伊拉争端也在会上被列入议题。会议还列举了联合酋长国在成立之后短时间内取得的各项成就，特别是为国民提供基本服务保障方面的成就。

会议当天，最高委员会颁布了以国民利益为核心内容的法令和法律，其中包括：

1972《联邦法》第九条：关于私立学校的开办与管理，明确了开办私立学校所必须遵守的原则和规定，私立学校由教育部监管。

1972《联邦法》第十条：关于教育使团和由联合酋长国支付公民国外留学费用的制度化原则和规定。

1972《联邦法》第十一条：关于义务教育，所有联合酋长国公民强制性接受小学教育；小学、初中、高中各阶段实行免费教育。该项法令所依据的思想是，教育是社会进步与繁荣的根本前提。

1972《联邦法》第十二条：关于成立各类俱乐部组织，以及参与“青年福利基金会”工作的各类联合会组织。

1972《联邦法》第十三条：关于社会福利，明确了向符合条件者提供福利金的制度化原则和规定。该项法令旨在为联合酋长国公民提供社会关怀，并且确立社会团结所依据的原则。

沙迦发现油田

博茨天然气石油公司（Buttes Gas & Oil）拥有阿布穆萨岛周边的石油开发权，正是这家公司成功地在沙迦打出第一口油井。我将油田命名为“穆巴拉克”（意为“被保佑的”）。1972年10月9日，星期一。我在沙迦广播电台发表讲话，宣布了发现油田的消息。

在那天的讲话中，我高度称赞了沙迦人民，他们付出的令人敬佩的努力终于结出硕果。我呼吁国人更加齐心协力、团结一致，保护好真主赐予我们的这份礼物，使它成为联邦的庇护者，庇护我们的联合酋长国在谢赫扎耶德·本·苏尔坦·阿勒纳哈扬总统殿下的领导下，走向进步与繁荣。

广播讲话后，我直接去了清真寺，向万能的真主祈祷，献上我满心的感激。那天晚上做完泰拉威礼拜后，我在沙迦委员会接见了络绎不绝的前来祝福和道贺的民众。

英国驻阿拉伯联合酋长国大使

这位英国大使在联邦成立前曾经担任驻阿布扎比的政治代表，他就是查尔斯·詹姆斯·特雷德韦尔。在英国对苏丹的军事统治期间，他于1945年至1955年在卡萨拉担任法官，后来被派驻阿布扎比任政治代表，时间从1968年到1971年。他的许多同事正是当年罢黜沙迦酋长谢赫萨克尔·本·苏尔坦·卡西米的策划者，驻迪拜英国政治代表H.格兰·鲍尔弗·保罗就是其中之一，他们的上司威廉·卢斯爵士也曾参与其中。特雷德韦尔担任过的职务包括：

1930-1956，英国苏丹总督顾问。

1956-1960，亚丁总督。

1961-1966，英国驻海湾政治公使（有“海湾总统”之称）。

1966-1972，英国海湾事务特别代表。

他还是英国和伊朗之间海湾岛屿争端的协调人。

然而，特雷德韦尔先生似乎忘记了他作为大使的本分，他为了满足个人私欲和实施自己的计划，开始向酋长们发号施令。他的方法是通过沙迦安全部队的英国军官给酋长们传话，这些军官中包括鲍勃·伯恩斯和大卫·尼尔德。

我和谢赫扎耶德·本·苏尔坦·阿勒纳哈扬殿下讨论过这个问题，决定逐渐摆脱掉他们。

英国大使的所作所为让我想起十九世纪上半叶发生在埃及的故事。穆罕默德·阿里·巴夏驱逐了驻埃及的土耳其代表之后，那位土耳其军官也丢了官。这位土耳其军官摆放了一些装满饮用水的陶罐供过路人饮用，这是当时的习惯。军官把陶罐涂成不同的颜色，陶罐的阿拉伯语是“沙比尔”。然而有一天，一个口渴难耐的人喝了红罐子里的水，军官对他大叫：“小偷！你为什么喝红罐子里的水？”

口渴之人反问道："这难道不是沙比尔吗？"

军官回答说："这不是沙比尔！绿的才是！"但是，如果有过路人从绿罐子喝水，军官还会大叫："小偷！你为什么喝绿罐子的水？"

过路人反问："这难道不是沙比尔吗？"

军官则会回答："这不是沙比尔！红的才是！"相同的把戏一遍遍重复，军官一遍遍享受发号施令的快感，权欲得到了满足。

第二章

从美国到埃及

1973年以后，联合酋长国和沙迦经历了一系列重要活动和重大事件。从我的个人角度看，这一切皆始于我的结婚。这年的一月底，我迎娶了穆扎·宾特·萨利姆·玛尼，她是我母亲娘家的亲戚。婚礼很简朴，没有大宴宾客，也没有奢华的排场。我们有过两个孩子，女儿阿扎和后来去世的儿子穆罕默德。

在政治、社会、国家治理的方方面面，重大事件接二连三地发生。所有这一切都是我们巩固联邦的努力和愿景的写照。

最高委员会巩固领导地位

联邦最高委员会首先迈出了巩固联邦政权的实质性一步，并为各项步骤的落实制定了相应政策。1973年4月25日，星期三。最高委员会上午和晚间连续召开会议，紧接着第二天上午又举行了第三次会议，中心内容就是研究与改善联合酋长国公民福利有关的问题，并批准相关法律和法令，以法律条文的形式确认联邦国家机构的设置和调整。

最高委员会还审议了总理谢赫马克图姆·本·拉希德所做的报告。报告列举了联邦政府各部门的成就，包括：

教育：目前在公立学校接受教育的学生达到3万人。总体规划设定的目标是，学生人数在三年内达到5万。

医疗卫生：联邦政府重视疾病预防和医疗保健服务，在所有地区都设立了医疗中心。

住房建设：以城市化和区域发展为目标，联邦政府正在贝都因人居住区建设现代化房屋。在已经明确公房建设的地区之外，一项关于房屋建设的调查正在哈伊马角的贝都因人居住区和乌姆盖万进行。报告还提到联邦政府为修建新的内部和外围道路所做的努力，尤其是耗资4500万迪拉姆的扎伊德（沙迦著名绿洲）到富查伊拉的公路。

供电与供水：除了扩建电网之外，数个新发电厂正在建设之中，另外还计划在中部修建一座七千瓦特的中心电厂，将整个东部连入同一个电网。在供水方面，为在内陆和沿海地区打新井和修建水塔，一项新的水源调查正在进行中，以提高地下水使用量和安装现代化设备与水泵。

农业和渔业资源：据报道，国家正在向农民提供贷款，帮助他们购买农业机械、维护生产设备以及挖掘新水井。

交通：关于邮政、电报和电话服务，以及扩大邮政服务的可能性，正在开展详细调查。

青年与体育：青年与体育部负责青年活动的组织和管理，已向多个体育俱乐部提供了一千万迪拉姆的经费。童子军组织正在组建，青年与体育部积极参与并举办了多次童子军营和联欢活动。

新闻出版：相关部门已完成《出版法案》的起草，在全国设立了公共信息办公室，《联合报》已改为日报，成为联合酋长国的第一份日报。

内部安全：出入国境的检查点已设置完成，组建了海岸警备队，并已开始海上巡逻。同时，成立了联邦警察部队和联邦警察学院。

国防：为保卫联邦、维护国家领土的完整与安全，联邦国防力量已完成组建。

外交：以和平共处为国家信仰，确立了与全世界所有国家友好相处的外交政策。

联合酋长国的崛起与1973年对以战争

也是在1973年，我有机会利用一些重要场合大力宣传刚刚出现在地区和国际舞台上的联合酋长国。我利用对区域和区域外国家的访问机会，多次表明联合酋长国关于1973年对以战争的立场，要求对支持以色列的国家实行石油禁运。我在这段时间的一系列活动以四次国事访问为起点，所到之处都会宣讲我们关于这场战争的立场。之后是联邦最高委员会的又一次重要会议。

四次访问按时间顺序依次是：阿曼的苏丹卡布斯访问联合酋长国，我本人访问美国、英国和埃及。阿曼苏丹来访的重要意义在于阿曼是一个重要邻国，其政权在阿拉伯湾已经延续数个世纪，这次访问表明联合酋长国已在所在地区获得承认，凸显了新联邦作为一种新现实的地区存在。我本人对美国的访问以及受到的接待，以同样的方式确认了联合酋长国的国家地位，但与以往不同的是，这次确认已经上升到国际高度，而且与一个超级大国有关，它在海湾地区的影响与存在已经取代英国。

1973年3月26日，星期一。一架直升机降落在（迪拜）朱迈拉的迪亚法宫。搭乘这架飞机的是谢赫扎耶德·本·苏尔坦·阿勒纳哈扬殿下和他的客人，阿曼苏丹卡布斯·本·赛义德殿下。在此迎候的是迪拜酋长谢赫拉希德·本·赛义德·马克图姆和其他诸位酋长，也就是最高委员会成员，另外还有数位王储、谢赫以及各部的部长。

在迪亚法宫的会议厅，与苏丹卡布斯的闭门会议持续了很长时间，联合酋长国方面参加会议的有谢赫扎耶德·本·苏尔坦·阿勒纳哈扬殿下和各酋长国的酋长及王储殿下。阿布扎比王储谢赫哈利法·本·扎耶德也来迪拜迎接苏丹卡布斯·本·赛义德，但闭门会议没有全程参加。会议的议题是联合酋长国与阿曼的关系，以及如何加强两国关系。

在谢赫扎耶德·本·苏尔坦和谢赫拉希德·本·赛义德两位殿下的陪同下，苏丹卡布斯还参观了位于莫卡伯军营的联邦武装力量总部，国防部长谢赫穆罕默德·本·拉希德·马克图姆殿下接待了他们。

接下来重要的国事访问是我访问美国。阿布穆萨岛附近发现石油，在新油田的第一口油井开工之后，我接受了博茨天然气石油公司的访美邀请。

1973年6月9日，星期六。我启程去美国。我的代表团成员包括：国民卫队司令谢赫阿卜杜勒-阿齐兹·本·穆罕默德·卡西米，沙迦希拉勒石油公司副总裁，沙迦行政事务主任阿卜杜勒-阿齐兹·哈桑·米德法先生，还有我的护卫阿里·本·阿卜杜拉·穆哈扬少校。

6月10日，星期天。我们在伦敦停留一天，第二天上午动身去美国首都华盛顿，当天下午将近三点的时候，我们到达华盛顿杜勒斯国际机场。

我们在国务院的活动，行前已通过美国阿拉伯半岛事务处的外交官昆西·拉姆斯登先生做了安排。但是在我们到达前，拉姆斯登先生生病住院，他的工作由美国国务院阿拉伯半岛事务处主任弗朗索瓦·迪克曼先生接替。迪克曼先生后来成为美国驻联合酋长国的第二任大使。

在昆西·拉姆斯登先生被任命为美国驻联合酋长国大使之前，我们从未谋面，他是第四任美国驻联合酋长国大使。我和他之间，以及我们的夫人之间的友谊一直保持至今。

1973年6月11日，星期一。我们一行刚到华盛顿，国务院的詹姆斯·艾金斯先生就到住地拜访。艾金斯先生后来成为美国驻沙特阿拉伯王国大使，任期是1973年9月到1976年2月。他在沙特任职期间，我们建立了友好的关系，并一直保持下来。他是阿拉伯事业的支持者，还成立了一个名为“如果美国人知道”的组织，声援阿拉伯事业。该组织与“美国犹太人公共事务委员会”针锋相对，后者既反对巴勒斯坦，也反对阿拉伯。

次日，也就是1973年6月12日，星期二。我上午参观国务院并会见近东和南亚事务局的助理副国务卿艾尔弗雷德·阿瑟顿先生。他后来成为美国驻埃及大使，任期是1979至1983年。阿瑟顿先生也是参加戴维营谈判的美国谈判组成员，这次谈判促成埃及和以色列于1979年签订和平条约。1981年埃及总统萨达特遇刺时，我看见他就站在检阅台上离萨达特不远的位置。

那天上午11点，我会见了哈尔·桑德斯，他负责白宫与国务院近东事务局之间的联络工作。后来他和亨利·基辛格一起参与《戴维营协定》的起草工作。

我们一行在国务院时，罗杰·戴维斯先生邀请我们共进午餐。1974年他被任命为美国驻塞浦路斯大使，在发生于美国驻塞浦路斯使馆外的一次示威中，他遭狙击手射杀。

1973年6月13日，星期三下午四点。副国务卿肯尼斯·拉什先生请我到国务院会面。会见中，我的谈话内容集中于阿拉伯事业、如何使我的国家受益于与阿拉伯国家的友好关系以及如何采取不使阿拉伯的敌人获益的中立立场。

此前一天，也就是1973年6月12日，星期二。科威特驻华盛顿大使谢赫萨利姆·萨巴赫·萨利姆殿下邀请我赴晚宴，出席晚宴的还有多位阿拉伯和非阿拉伯国家的大使，以及美国官员。

1973年6月13日，星期三。我们在这天上午参观白宫对游客开放的部分，参观时间安排在居住者和工作人员离开之后。白宫里的陈设很简单，没有什么太吸引人的地方。11点的时候，卡塔尔驻美国大使阿卜杜拉·萨利赫·玛尼先生到我住处拜访。

在同一天，我接到邀请，伊朗驻美国大使阿尔德希尔·扎黑迪阁下邀请我中午赴家宴。他家布置得很漂亮，地上铺着高档地毯，墙上挂着精美的油画，一看就知道是花了大价钱才能有的效果。考虑到他娶了伊朗国王的妹妹阿什拉芙，是国王的妹夫，家中的豪华陈设也就丝毫不令人惊讶了。

伊朗大使领着我参观他家的房子，其他客人喝着茶。在参观的时候发生了一件令我感到羞辱的事。他邀请我参观他的私人房间，所谓的私人房间是一间圆形的有着很高的穹顶的房间，四周的墙壁装饰着很多伊斯兰风格的雕刻。我一开始以为这是他做礼拜的地方，但很快就失望了，因为他开始向我展示他收集的酒杯。他取出一只酒杯给我，大声说："这是今天喝酒用的第一套杯子。"杯子上画着一个身穿传统伊朗长袍的女人，面部没有遮挡。他又说："今天的酒就从这套酒杯开始，然后，我们用第二套杯子喝。"

伊朗大使一边说着，一边又从第二套杯子里取出一只。这只酒杯上也画着一个身穿传统伊朗长袍的女人，胸部暴露。喝完第二杯，他对我说："在酒精开始让我们的脑袋有些晕乎乎的时候，我们该用第三套杯子了。"说着，他取出一只印有裸体女人照片的酒杯。喝完，伊朗大使又说："现在我们干第四杯，这里……"等他回头看我的时候，我已经离开了，房间里只剩下他和他的酒杯。我离开伊朗大使的宅邸，坐车回住处。

在同一天下午，沙特阿拉伯驻美国大使易卜拉欣·苏瓦伊勒先生来看望我。

1973年6月13日，星期三。我应邀参加诺斯卡特·伊利先生为我举行的欢迎会，并发表简短的演讲。我正要起身发言的时候，坐在我身边的伊利先生的夫人问我："你如何能从背后认出一个穿着阿拉伯长袍的是阿拉伯人呢？"

还没来得及回答她的问题，我就被叫上了发言席。向来宾致以问候之后，我说："就在我走上发言席之前，伊利夫人问我，'你如何能从背后认出一个穿着阿拉伯长袍的阿拉伯人？'我会这样回答夫人的问题：'玛丽卡，你无法判断某个人是不是阿拉伯人，除非你看他的脸。'"

6月14日，星期四。这一天我先游览华盛顿，然后会见国会议员。接待我的是加利福尼亚州参议员约翰·滕尼先生。在范登堡厅，滕尼先生把我介绍给在场的四十位国会议员。我讲话的时候谈到了很多事情，其中我记得自己说："能站在这个伟大国家的伟大的地方，我深感荣幸。今天我要和各位谈谈阿拉伯人，阿拉伯人其实和所有其他民族的人并无差别，不多胳膊也不多腿，当然，也没有长尾巴。他和在座的各位一样，是一个人。唯一的不同之处是，他的心智是由情感驱动的。所以，像对待其他人那样对待他就可以了。"接下来我还谈到了阿拉伯世界和它的经济潜力。午宴后，我与国会议员们告别，然后出发去机场，准备飞往纽约。

6月15日，星期五。在接受《纽约时报》的采访后，我参观了纽约证券交易所。在那里我遇见一位名叫沙哈维的埃及人，他向我讲述了自己如何从埃及来到纽约，又如何从那时起一直在股票交易所奋斗、打拼。他说："我起初只是个扫地的，后来帮别人跑跑腿，再后来成了一名小的股票经纪人，直到后来成了百万富翁。"他还邀请我到他家做客，尽管时间紧张我还是接受了邀请，当天下午去了他家。他住在纽约郊区，他家的房子在乡村完全称得上是一座宫殿。

参观完纽约证券交易所，卢修斯D.克莱将军请我们在华尔街吃午饭。他那时候是雷曼兄弟公司的首席执行官。克莱将军可是位名人，他1942年成为美国军队最年轻的将军，曾经担任艾森豪威尔的副手，后来又担任驻德国美军副司令官。

交谈中，将军告诉我美军驻沙迦期间，他曾经到过沙迦。他说："我们要求获准在沙迦登陆，但是被谢赫拒绝了，我不知道他是你父亲还是伯父。但是后来还是登陆了。"

我告诉他："是我的父亲，那是在1944年。"然后我接着问："您还记不记得开着水陆两栖车在海上兜风的事？"

将军回答："当然记得。"

"您还记得坐在您和谢赫中间的那个小男孩吗？"

"怎么会忘了呢？他晕船吐了我一身，我只好让船调头回去。"

"那个小男孩就是现在坐在您面前的人。"

"是你？"将军惊讶得叫出声来。

"对，就是我。"

"世界真是太小了！"将军不禁感叹。

那天晚上，我们访问联合国总部，拜见时任联合国秘书长库尔特·瓦尔德海姆博士。陪同我们的是联合酋长国驻联合国大使阿里·本·穆罕默德·侯麦丹博士。他为我们举行了晚宴，同时还邀请了一些国家的驻联合国大使参加。

6月16日，星期六。上午我们飞往德克萨斯的休斯顿，下午一点到达。休斯顿的温度和湿度和沙迦没有太大的差别，但是绿化很好，到处都是高大的树木。

休斯顿是绝大多数美国石油公司总部的所在地。当晚，博茨天然气石油公司的分公司，新月石油公司举行晚宴，邀请了大约400名当地石油公司的经理。我站在宴会厅门口迎候客人。以一个男人的眼光来看，来宾们个个身高肩宽，手大得就像骆驼的脚掌。他们和我握手的样子就像是在比赛，看谁能第一个让我的肩膀脱臼。当然，也有握手比较轻的，他们握着我的手左右摇晃。

发言时，我对大家说："我是一个阿拉伯人，是一名穆斯林。我的主在《古兰经》里授意我这样说：'我相信真主，相信他的书，相信他派来的使者。'我们对真主的使者不做任何区分，在真主面前我们唯一能做的就是顺从。"

我又一次站在了宴会厅的门口，为客人们送行，但是用了与迎接他们时不一样的方法。我双手背在身后，客人们离开时向他们点头致意。他们表示接受，以为这是阿拉伯人特有的告别方式。

第二天，也就是6月17日，星期日。我们上午拜访了道格拉斯·马歇尔先生，他是美国——阿拉伯养马人协会的创始人。他向我们展示了一匹阿拉伯马的马术技能，这匹马名叫"穆拉菲克"，购自埃及的阿勒扎赫拉养马场。马歇尔先生说"穆拉菲克"是最漂亮的马，它的后代也是他所有马中最漂亮的。我认识马歇尔先生，是因为他那时在卡尔巴拥有铜矿开采权。

阿提夫·贾马尔·迪恩博士是休斯顿的阿拉伯——美国商会会长，与他会面并共进午餐后，我们前往天文馆球场观看棒球比赛。那是一个封闭的空调体育馆，比赛期间，一个巨大的屏幕除了显示比分，还显示标语和广告。其中一个标语显示的是“欢迎博茨天然气石油公司的贵客，沙迦酋长谢赫苏尔坦·本·穆罕默德·卡西米殿下。博茨公司在沙迦发现具有商业开采价值的油田。”

这条标语在比赛期间出现过几次，于是我对博茨公司的首席执行官约翰·勃雷特说：“这让我想起一个名叫乔的英国吝啬鬼的故事。乔的一位朋友去世，他想在报纸上登一个只有一句话的讣告。他让报社这样写，‘乔对米歇尔表示哀悼’，但是报社的人说字数还没用完，应该写满一行。于是吝啬鬼乔就说‘改成乔对米歇尔表示哀悼，并且在某某地址提供无线电修理服务’。”我接着对勃雷特说；“自从我们到了休斯顿，你们公司的股价一路飞涨，你们难道还不满足吗？”

勃雷特答道：“明天我们会登报说‘博茨公司的客人今天离开休斯顿’，后天报纸上又会说‘博茨公司的客人昨天离开休斯顿’，公司的股价还会继续上涨。”

当天晚上，博茨公司及其合伙人在我们下榻酒店的宴会厅设晚宴招待我们。和做东的公司经理们告别时，一位年轻人走近我，用我听不懂的浓重的德克萨斯口音跟我说话，我只能不住地向他点头。

6月18日，星期一。这天上午负责我们休斯顿行程安排的官员打电话给我，让我尽快赶到酒店大堂。我在电话里说：“去NASA（美国航空航天局）的出发时间还早，我们有足够的时间。”

“不是NASA，是您昨天召集的记者会。”负责行程的官员说。

“我召集过吗？”我问。

“酒店大堂和会议室挤满了报社和通讯社的记者，”他建议我赶快下楼。

“我这就下楼。”我答道。我在四周哗啦哗啦的闪光灯的闪光中挤过人群，好不容易到了会议室的发言席。我一边向人群问好，一边望着面前数不清的人脸，人群突然开始提问，如同轰炸一般。于是我说：“我其实并没有召集今天的记者会，这是一场误会。昨天晚上我遇见一位年轻人，他跟我说话的时候嘴里好像含了一个小土豆。我点了一下头——结果就有了今天的记者会。”但是我还是回答了他们的所有问题，然后匆匆赶往NASA。在那里的参观用了很长时间。

参观完NASA，我们直奔机场，下一站是亚利桑那的图森。后来在图森的时候，靠点头示意，我得以再次免除了肩膀脱臼之忧；也没有因为点头而再次招来一场无中生有的记者会。

6月18日的晚上，我们一行抵达图森市。那里的环境和沙迦的扎伊德地区很接近，棕榈、石榴，还有海娜树随处可见，平原一直延伸到远方的山区。

参加完亚利桑那大学的晚宴后，我们回到下榻的酒店。酒店是一个只有地面一层的楼群，砖砌的外墙和扎伊德地区的建筑相差无几。我的房间前面有一个小院子，靠近窗户的地方，一棵开花的海娜树在风中轻盈地摇摆，海娜花沁人的香气乘着风飘进房间，像是在对我致以问候。

第二天上午，我们参观环境研究高级实验农场，卡尔·赫吉斯博士接待了我们。两年前我在沙迦遇见过他，他还建议我到亚利桑那大学农学院读研究生。

赫吉斯博士领着我们参观研究中心，向我介绍那里的研究人员，并让他们简要介绍自己的研究工作。其中一位美国研究人员介绍说："我的研究对象是牛角瓜树。"因为这种树生长在联合酋长国，我惊讶地问："你是怎么得到它的？"

赫吉斯博士说："当初你要是听我的建议，你早就在这里做研究了。"这时我回想起曾经有一天，那时我的亡兄谢赫哈立德·本·穆罕默德·卡西米殿下还在世，我请求他允许我辞去教育部长的职位，因为想去亚利桑那大学读书。

结束了在图森的行程，我们出发去洛杉矶。1973年6月27日，星期三。我们的美国之行在旧金山机场画上了句号，从那里我们飞往伦敦。

访问伦敦

我们一行于1973年6月28日抵达伦敦，英国外交部派人到机场迎接。按照事先的安排，我们将会见巴尼尔勋爵，他原任英国国防国务大臣，后来改任外交和联邦事务国务大臣。巴尼尔勋爵事先已收到我的简介，包括以下信息：

> 沙迦酋长国酋长，谢赫苏尔坦·本·穆罕默德·卡西米：
>
> 1939年出生，在沙迦接受早期教育；曾任教于沙迦职业培训学校，其后五年在开罗大学学习农学。
>
> 学成后返回沙迦，供职于其兄谢赫哈立德领导的沙迦政府。
>
> 1971年12月任阿拉伯联合酋长国教育部长。

其兄谢赫哈立德遇害后，被沙迦王室家族一致推选为沙迦酋长。

对地区和政治问题持温和态度，性格不激进，被认为是温和的民族主义者。

与英国使馆关系良好。

讲阿拉伯语和英语。

1973年6月29日，星期五。虽然联合酋长国驻伦敦使馆几度尝试变更会见日期，巴尼尔勋爵还是在这天上午来到我下榻的酒店。在同一天，驻英国大使迈赫迪·塔耶尔和艾哈迈德·奥贝达利先生要陪同阿布扎比王储谢赫哈利法·本·扎耶德·阿勒纳哈扬参观桑德赫斯特学院，而迈赫迪·塔耶尔先生不希望在他缺席的情况下，我和巴尼尔勋爵会晤。

但到了那天，艾哈迈德·奥贝达利没能去桑德赫斯特，于是便参加了我和巴尼尔勋爵的会晤。会晤进行得很顺利，但巴尼尔勋爵的一个问题却让我很不舒服。他问我："您和阿布扎比的关系如何？"暗示沙迦和阿布扎比可能一直关系不睦。艾哈迈德·奥贝达利先生当时也面带不悦。

巴尼尔勋爵接着又说："如果有需要我们帮助的地方，女王陛下的政府随时愿意助沙迦一臂之力。"他还让我有需要就通知联合酋长国驻伦敦的使馆，英国政府随时愿意效劳。作为回应，我和巴尼尔勋爵谈起沙迦过去和英国的关系，谈到当时英国在沙迦驻有军队，还谈到很多英国人对沙迦都很熟悉。我告诉他所有这些，这些事情本身，都有助于我和英国人打交道，所以不必麻烦大使馆。艾哈迈德·奥贝达利也立即应和说，如果我需要帮助，可以通过阿布扎比的外交部，而不是沿用老办法，这样会更好。我也回答说，每年这个时候到联合酋长国驻英国使馆办事的人很多，使馆事务繁忙。

当天中午，英国国会议员彼得·塔普塞尔先生在伦敦设午宴款待我们一行。席间我对他说，在援助沙迦这件事上，英国没有表现出应有的合作姿态，双方先前的直接对话终止后一直未能恢复。我还告诉他，与有第三方参与的对话相比，直接对话可以更快地达成所需要的结果。

埃及：会晤萨达特

在伦敦停留两天之后，我们决定去埃及，以回应埃及总统安瓦尔·萨达特对我的正式邀请。1973年6月30日，星期六。我们当晚抵达开罗，访问计划持续五天。到机场迎接我们的是埃及副总理穆罕默德·阿卜杜勒-卡迪尔·哈提姆博士和其他埃及官员，整个行程的接待工作由艾资哈尔清真寺长老谢赫阿卜杜勒-阿齐兹·伊萨负责。

1973年7月1日，星期日。这天上午埃及副总理穆罕默德·阿卜杜勒-卡迪尔·哈提姆博士在他的办公室会见了我们。应邀参加会见的还有几位埃及学者，其中包括著名作家陶菲克·哈基姆和优素福·伊德里斯，我和他们探讨了农村地区的文化发展问题。

第二天上午我们访问开罗大学农学院，看望以前教过我的教授们。我离开这所大学已经快两年了。

到达院长办公室的时候，好几位农学院的教授已经等候在那里，我和他们一一握手，直到我见到谢拉夫·迪恩博士，他是我过去在动物科学系学习时的指导教授。那时候他每次课都要点名，点到我的名字时，他总是要嘲笑我的“苏尔坦”这个名字。他会说：“苏尔坦·穆罕默德·萨克尔·卡西米。苏尔坦，哪里的苏尔坦[1]？你为什么不给自己取个别的名字？我不喜欢你的这个名字。”有好几次他把我的名字念成“穆罕默德·萨克尔·卡西米”，但每次我都不答到。于是他就会问：“他在哪里？是不是旷课了？”这时我就会说：“我的名字叫苏尔坦，苏尔坦，苏——尔——坦！”我不仅把名字重复一遍，还会大声拼出来。

这个时候，谢拉夫·迪恩博士就会很生气：“够了！怪不得有人跟我这么说你……”

但是那天的情形却和以前大不一样。我们一行人所到之处都有摩托车引路，人群中传出尖叫和口哨声，我的前面还有礼兵开道。我拉着谢拉夫·迪恩博士的手，一边走一边问他：“那么，您现在喜欢我的名字吗？”

“这些事您还记得？”他笑着问我，笑容里有几分戏谑。

1973年7月3日，星期二。这天上午，在其位于开罗的总部，我会晤了阿拉伯社会主义联盟中央委员会秘书长，穆罕默德·哈菲兹·加尼姆博士，会晤中我们谈到埃及在纳赛尔总统领导下取得的伟大成就。当晚，阿拉伯国家联盟秘书长马哈茂德·里亚德先生到我下榻的酒店看望我。次日上午，在艾资哈尔图书馆，我拜访了艾资哈尔清真寺的大伊玛目——谢赫阿卜杜勒-哈

1　Sultan本意为“国王”，用作人名时常译为“苏尔坦”，表示国王时通常译为“苏丹”或“素丹”。

利姆·马哈茂德博士。那时候，开罗的努尔清真寺正在建造中，工程由大伊玛目监造，我为建造中的清真寺捐了款。就在这天晚上，我会晤了埃及阿拉伯共和国总统萨达特。

1973年7月5日，星期四。上午我们游览了苏伊士城，沙漠城市的所有特点这里应有尽有。我们还参观了埃及武装部队的几个前线哨所，陪同我们的是埃及武装力量总参谋长沙兹利将军。我们眺望对面，可以看到以色列的巴列夫防线上的碉堡。战事临近，埃及军方安排我们和部分军官、士兵见面的时候，我称赞他们士气高昂，并表达我对他们打赢战争的信心。随后，苏伊士总督穆罕默德·巴达维·库利先生带领我们察看了由于以色列入侵造成的破坏。

在总督办公室外面等着一大群人，他们是留下来没有撤离的苏伊士民众。谢赫哈菲兹·萨拉马也在人群中，为了和我打招呼，他好不容易才和他的小随从挤过人群，来到办公室门口。我一眼看见了他，赶紧走出来和他握手。我与他相识是因为他几周前和我的一位朋友，谢赫贾西姆·本·达尔维什一起到沙迦看望过我。他们正在为开罗努尔清真寺的建造工程募捐。

三个月后的10月6日，战争爆发。尽管埃及在战争初期占上风，但是以色列军队包围了苏伊士，并在德维斯瓦果园成功突破埃军防线。不过这也使谢赫哈菲兹·萨拉马成为勇敢和抵抗的象征。以色列军队要求苏伊士总督穆罕默德·巴达维先生投降并让出苏伊士。

经多次请示开罗方面，苏伊士军民最终不得不同意投降。只有一条通向阿巴音地区的道路可以进入苏伊士，道路两边是被遗弃的建筑物。但是，以色列的坦克涌入这条公路的时候，第一辆和最后一辆坦克被火箭筒和手雷炸毁，结果整个坦克车队被歼灭。领导这次行动的正是谢赫哈菲兹·萨拉马。后来，当时的以色列总理戈尔达·梅厄在她的回忆录中说："我的士兵们万分惊恐，不停地喊叫'哦，妈呀！哦，妈呀！'"

一场误会

上文提到，我在开罗的时候，阿拉伯国家联盟秘书长马哈茂德·里亚德先生来到我下榻的酒店看望我，那天是1973年7月3日，星期二。但我不久前发现，这次会面显然引起了巨大的麻烦。在和我见面之后，马哈茂德·里亚德先生分别会见了伊朗外交大臣哈拉巴里先生和安瓦尔·萨达特总统。随之而来的是，哈拉巴里先生来到阿盟总部，告诉马哈茂德·里亚德先生伊朗没有在海湾地区谋求领土扩张的计划。

哈拉巴里先生还告诉英国外交部，他从阿盟得知沙迦的谢赫苏尔坦，也就是我，最近提出了有关岛屿争端的问题，以及沙迦和伊朗关于附近海域石油收入的分配问题。

这个消息让英国人感到不安，因为他们不确定沙迦和伊朗会达成什么样的协议。没有任何人想到向我核实消息的真实性，事情持续发酵。

接着，伊朗驻伦敦大使阿夫沙尔先生阁下来访，向我询问阿盟秘书长马哈茂德·里亚德先生和伊朗外交大臣的谈话内容。我否认了此间的传言，并道出事情的真相：马哈茂德·里亚德先生在开罗和我会面时告诉我，某些阿拉伯国家一直在策划用更强硬的方式提出岛屿争端问题。秘书长建议签署一项协议：阿拉伯方面放弃（波斯湾东部的）大小通布岛，作为交换，伊朗方面承认阿拉伯对阿布穆萨岛的主权和管辖权。1973年10月26日，在与伊朗驻伦敦大使阿夫沙尔先生见面之后，英国外交部次官安东尼·帕森斯爵士阁下在给外交部中东部主任帕特里克·莱特的信中写道："看来伊朗大使阁下相信了这一解释，并对此表示满意。他和我都同意这是典型的阿拉伯人的行事风格。我告诉阿夫沙尔先生，我们将关闭在海湾地区的代表机构，而他也同意我们这样做。"

事情后来终于真相大白：伊朗人一直在散布被歪曲的、不真实的故事版本，结果哈拉巴里先生自己以讹传讹，伊朗人对已经发生的事情做出了错误的解读。安东尼·帕森斯在给莱特先生的信中还说："阿夫沙尔先生声称这是阿拉伯人的共同特点，但是在我看来，这场乱局恰恰说明阿拉伯人和伊朗人一样固执己见，错行误判。"

阿拉伯的石油并不比阿拉伯的血更贵

1973年7月7日，我从开罗回到沙迦。紧接着，联邦最高委员会确定下了会议日程。

最高委员会会议于1973年7月21日，星期六，在阿布扎比的曼哈尔宫举行。联邦总理谢赫马克图姆·本·拉希德·马克图姆殿下会前已经提交了一份报告，详细介绍了政府取得的各项成就。同时也列出了部长们在履职尽责中遇到的种种困难，这也正是最高委员会要讨论的问题。但是，因为有一架日本飞机遭劫持并降落在迪拜机场，会议先是中断，然后决定延期。总统谢赫扎耶德·本·苏尔坦·阿勒纳哈扬殿下、副总统谢赫拉希德·本·赛义德·马克图姆殿下以及联邦总理谢赫马克图姆·本·拉希德·马克图姆殿下，随即赶往机场，视察情况。当时，国防部长谢赫穆罕默德·本·拉希德·马克图姆殿下已经控制了机场的局面。

遭劫持的飞机在机场停留了七十个小时，劫机者释放一男一女两名日本人质后，飞机再次起飞，机上有140名不同国籍的乘客。飞机飞越了卡塔尔、巴林和巴士拉，然后回到科威特，接着又飞往巴格达方向，但中途又转向叙利亚，降落在大马士革机场。飞机加油后继续起飞，但这次是飞往利比亚的班加西，飞机降落时触地爆炸，当时在机场候机的乘客受到惊吓四散而逃。

1973年7月22日，星期日。最高委员会会议在曼哈尔宫复会。会议决定成立一个由我领导的委员会，进一步发展联合酋长国的国家力量。

同年10月，在和以色列的交战中，埃及军队取得重大胜利并成功越过巴列夫防线，整个阿拉伯世界欢欣鼓舞。随着前方战事的升级，总统谢赫扎耶德·本·苏尔坦·阿勒纳哈扬殿下多次发表声明，整个阿拉伯世界更加欣喜若狂。1973年10月18日，谢赫扎耶德殿下宣布对支持以色列的国家实行石油禁运。两天后，根据国王费萨尔·本·阿卜杜勒-阿齐兹·素欧德的命令，沙特阿拉伯也宣布了石油禁运。

上述事件和石油禁运的决定促使谢赫扎耶德·本·苏尔坦·阿勒纳哈扬殿下于1973年11月11日在他的新闻发布会上，发表了著名声明“阿拉伯的石油并不比阿拉伯的血更贵”。

第三章

沙迦开始出口石油

1974年，诸多事件的演进加速了阿联酋和沙迦的发展和壮大。这里我重点记述其中四件事：沙迦开始出口石油，谢赫扎耶德巡视沙迦和其他酋长国，沙迦和乌姆盖万化解争端，以及我出访伊朗。

我看美国

在上一章我提到阿拉伯石油产出国的石油禁运，这次禁运令西方震惊，让他们对未来的石油供应感到担忧。在这一背景下，就沙迦未来的石油生产和出口问题，我于1974年5月接受了《纽约时报》的采访。我在采访中证实，沙迦的石油生产会在数月后开始。关于这一点，我当时说，这将有益于我们所期望的沙迦未来发展，当然，也将对整个联合酋长国有益。关于预计的石油产量问题，我回答说，我们希望当年的产量能达到八万桶。我还说，石油以外的收入来源，也就是进口税和当地的石油加工，1973年为沙迦财政部带来了1200万美元的财政收入，而且已悉数用于支付公共项目。关于1975年的预期财政收入，我说，财政收入很难预计，因为收入取决于市场价格和供求关系，而后者一直处于变化当中。

《纽约时报》记者接着又问，巨大的石油收入是否会对酋长国公民的勤劳和忠诚有负面影响。我是这样回答他的：

> 我的预期恰恰与此相反，有大量的证据可以证明这一点。我们的人民勤劳而虔诚，将全心助力国家发展，让自己的国家赶上世界前进的脚步。酋长国有许多获得大学学位的公民，他们在政府部门任职，有些还担任公职。他们的表现已经证明自己完全有能力承担职责，而且会继续努力，不辜负国家的期望；他们的高薪酬也并没有让他们变得沾沾自喜，不思进取。
>
> 这些成功实例已经成为许多国民的驱动力，他们发现，只有通过学习，通过提高受教育水平和知识能力，使自身素质符合职业要求，才能提升自身的社会地位。
>
> 另一方面，我们还对与酋长国国民生计有关的另一重要领域给予特别关注，就是农民和私营企业主。我们向他们提供技术和资金支持，对农民还额外提供农业生产设备。这样做是为了在劳动、生产和克服困难方面向他们伸出援手，以弥补经验上的不足，提高生产能力。

美国记者对我说，作为美国公民，他希望阿拉伯国家和美国之间能建立友好的关系，他问我是否存在这样的可能。我回答说：

> 我曾经说过，对美国的友谊之门一直是敞开的。很

多人去美国之前都会凭想象认为美国人只不过是一群杀人犯、连环杀手、粗鲁的牛仔。但我本人到美国后，看到的却是和电影、小说里描写的完全不同的景象。我立即改正了之前关于对美国人民的习惯性思维和对他们的不正确的看法。

同样，你也有关于阿拉伯人的不正确的看法，在你思考有关阿拉伯人的问题时，犹太复国主义完全左右了你的思维。所以，如果你真想得到阿拉伯人的友谊，你就必须改变那些先入为主的关于阿拉伯人的观念，改变你看待他们的方式，并尝试去理解他们的处境和困难。如果我们看到美国对我们阿拉伯人抱有友好的态度，你们也将会看到，正如我所说言，我们会伸出双手和你们美国人的手热烈地握在一起。此前我曾对一些美国人说，因为你们纳税，所以以色列人有钱买武器杀死我们的孩子。但是，如果我们看到事情正在改变，看到你们伸出和平之手，你们将会看到，我们也会做出同样的改变。

当被问及美国与阿拉伯世界的未来关系，尤其是以色列从阿拉伯领土撤军后的双方关系，我回答说：

我们愿意成为美国的朋友，因为我们并不是天然地要和美国还有它的人民作对，但条件是美国停止与我们的敌人结盟，向我们伸出是和平之手，是没有沾血的手。我们也不反对作为宗教的犹太教，是你们美国人将犹太教和犹太复国主义混为一谈。我们与之战斗的不是犹太教，我们甚至和犹太教没有任何争议，目前我们与之斗争的是作为帝国主义和法西斯主义制度的犹太复国主义。我们与犹太复国主义战斗，是因为它正在杀死我们的孩子、妇女，还有我们的青年，一如它的支持者在德尔亚辛惨案中的残暴行为。我们是一个穆斯林、基督徒、犹太教徒共同生活于此的阿拉伯国家，我们相信真主、他的经文和他的使者。认为我们反对犹太教的人，无疑大错特错，他们应该知道我们的国家信奉和平与爱，而不是侵略与占领。同时，我们也不赞同违背伊斯兰信仰的无神论思想。

采访中我还谈到农业生产中的劳动力问题，我告诉美国记者，就农业而言，贝都因人构成了酋长国经济至关重要的一部分。我还告诉记者：“必要的计划已经开始实施，贝都因人将会搬迁到土地肥沃、适合农业生产的村庄。我们正在按他们的要求，派遣专家，提供急需的农业设备，目的就是为了培养有知识、有经验的新一代农民，使他们符合未来发展阶段的要求。”

美国记者接着还问我是否有意愿接受外籍专家，我告诉他，所有真诚的、愿意帮助我们国家建设的外援和专家，我们都欢迎。同时我还强调，就外籍专家本身而言，其重要性是不可否认的，只要最终目的是获得发展和进步，以及促进全世界人民之间有益的合作。

我还回答了有关沙迦酋长国国家治理的一个问题。我说：

我们生活及工作在不同的人当中，我们和他们一样，没有任何差别，都属于同一个大家庭，我们愿意讨论问题和进行真诚的对话。因为我们都有耐心，所以我们共同播种，然后一起等待果实的成熟。我们之间没有分歧，面对未来，我们团结一致、满怀希望。目前的计划是让正确的人出现在正确的岗位，按专业技能进行工作分工，把那些既能做好本职工作又愿意为他人服务的人任命为各类负责人。每一个人都有做决定的全部权利，除非出现少有的、难以做决定的情况。这时他们就会做必要的咨询，听取他人的建议。

谢赫扎耶德巡视沙迦

1974年，为了进一步密切关系，加强团结，谢赫扎耶德·本·苏尔坦·阿勒纳哈扬总统殿下巡视了各酋长国。5月13日，星期一。上午九点谢赫扎耶德总统乘坐的直升飞机降落在沙迦的卡西米亚基地。我和一些沙迦官员和民众到场迎接。

与谢赫扎耶德殿下同机抵达的官员包括：谢赫苏尔坦·本·阿勒纳哈扬殿下、内务部长穆巴拉克·本·穆罕默德阁下、国务大臣哈穆达·本·阿里阁下，还有联邦国民议会发言人萨尼·本·阿卜杜拉阁下。

我和谢赫扎耶德殿下先同车前往工业学校，参观那里的建设工地，然后我们来到“五月沙龙”学校，那里已经准备了盛大的欢迎仪式。校长诺拉·宾特·阿卜杜勒-拉赫曼·阿勒米德法夫人在仪式上致词，欢迎谢赫扎耶德殿下莅临学校。

沙迦的街道装饰一新，沿街悬挂着联合酋长国的国旗、谢赫扎耶德总统画像，还有欢迎标语。总统的车队结束街道巡游之后驶向沙迦委员会，在那里，谢赫扎耶德总统接见了沙迦的高级官员，然后出席为他举行的午宴。

午宴结束后，我陪同谢赫扎耶德总统殿下前往我的新行宫休息。新行宫建在拉姆拉地区，那时已经建造、装修完毕，只不过我还没有入住。

我们到达那里的时候，外交部长艾哈迈德·本·哈利法·苏韦迪阁下已提前在那里等候，和他在一起的是马尔他总理多姆·明托夫先生，他是谢赫扎耶德总统要会见的客人。我也参加了此次会见。

当天下午，总统殿下继续他在沙迦的行程。首先是沙迦—迪拜公路的通车仪式，工程由工程部负责建造。这条公路在重建前是交通事故多发地段。一年前，总统殿下下令加修一条与原路平行的车道，将原有道路改建为带中间隔离带的双向四车道。总统剪彩，宣布全程14公里的沙迦—迪拜公路通车。公路耗资3637.7万迪拉姆，历时9个月建成。

通车仪式后，我们前往可汗地区的卡利杰阿拉比小学，这是一所男女同校的学校，有12间教室。我们在那里观看了学生的体育课和艺术表演。

当天行程的最后一站是可汗地区的公共住房建设工地。负责接待扎耶德总统的是住房建设部部长赛义德·哈马德·萨勒曼阁下。总统在部分居民的房屋产权书上签了字，其余房屋计划在下个月分配。当天可以交付的公共住宅有26套。

下午六点半，扎耶德总统殿下结束了在沙迦的行程，乘直升机飞往哈伊马角的哈兰地区。

沙迦和乌姆盖万握手言和

谢赫扎耶德总统殿下巡视沙迦的时候曾和我谈过沙迦和乌姆盖万之间因阿布穆萨岛附近发现石油而起的争端。石油收入按一定的比例分给乌姆盖万，在这一点上我和总统的观点是一致的。

第二天是我按计划出访伊朗的时间。中午时分，还有两小时就要动身去沙迦机场，我接到扎耶德总统的电话，让我赶往乌姆盖万，当时他正在那里巡视。我答应了总统的要求。经过讨论，我和谢赫扎耶德总统、乌姆盖万酋长谢赫艾哈迈德·本·拉希德·穆阿拉一致同意，沙迦将阿布穆萨岛石油收益的30%分给乌姆盖万。

另外，在我动身去机场前，谢赫扎耶德总统要求我再分6%给阿治曼酋长国，我也表示同意。

扎耶德和人民的要求

1974年月1日，星期六。巡视各酋长国后不到一个月，谢赫扎耶德·本·苏尔坦·阿勒纳哈扬殿下在这一天主持召开联邦最高委员会会议。这次会议是应民众要求召开的，民众希望政府出手干预不断上涨的食品价格，各酋长国的酋长全部到会。

最高委员会通过决议，在第一阶段，以低于实际价格35%的价格向公众销售生活必需品。最高委员会还拨款2800万迪拉姆，用于价格补贴和在各酋长国开设国家公司的分支机构，在全国范围内从事进口贸易。

出访伊朗

1972年以来，英国人一直试图通过外交途径说服我接受伊朗国王的访问邀请。对于每一次邀请，我并不是直接拒绝，而是借口事务繁忙或事先已有安排，予以推辞。

但是在1974年初，一位伊朗高级官员来访，他自我介绍是努赛里将军。他告诉我，他带来了伊朗国王穆罕默德·礼萨·巴列维给我的正式邀请。我一时没想好该怎样回答，便告诉他过几天再答复。他说到时候他会再次登门拜访。

同时，我要求面见谢赫扎耶德·本·苏尔坦·阿勒纳哈扬总统，向他通报我与伊朗官员的会面情况和邀请我访问伊朗这件事。总统同意我出访。所以，努赛里将军再次到访的时候，我告诉他我愿意接受伊朗国王的正式邀请，我们一致同意把访问时间定在1974年5月14日。

在预定出访日期的晚上，我乘坐私人飞机前往伊朗，开始为期一周的官方访问。同机的随行沙迦官员包括：

石油部部长，谢赫穆罕默德·本·苏尔坦·卡西米

司法部长，谢赫哈马德·本·马吉德·卡西米

艾米瑞迪万[1]主席，谢赫阿卜杜拉·本·穆罕默德·卡西米

沙迦市政局主席，谢赫沙特·本·苏尔坦·卡西米

外交部全权公使，谢赫沙特·本·哈立德·卡西米

沙迦酋长私人秘书，贾西姆·本·赛义夫·米德法

警卫，阿里·法赫德少校

在德黑兰机场，我们受到努赛里将军的热烈欢迎，他通知我

1　Emiri Diwan，酋长国地方政府机构。“迪万”来自波斯语，意为国务机构或枢密院。

们，与伊朗国王的会见安排在第二天。

1974年5月15日，星期三。我与伊朗国王穆罕默德·礼萨·巴列维在他的王宫举行会谈。他站在办公室的中央位置迎候我，然后我们一起走向座位，边走边用波斯语互致问候。会谈期间，我引用了一些波斯人的格言警句，还有波斯诗人哈菲兹和希迪关于人性和人格的诗句。这让起初显得有些紧张的伊朗国王脸上露出笑容，他开始变得放松，身体靠进沙发。他告诉我，萨达姆·侯赛因的部队在大街上随便抓人，像倒垃圾一样，把他们丢弃在伊朗边境，还借口说他们原本就是波斯人。他问我对这些事情的看法。

萨达姆·侯赛因这些做法我完全了解，而且我也反对这种野蛮行为。于是我回答伊朗国王说："那些妇女何错之有？她们只不过是在路边等待被抓走的丈夫和儿子。那些被丢弃在边境，后来又死于非命的人们又何错之有？他们身后是萨达姆的士兵，端着枪逼迫他们走向屠杀他们的雷场，地雷把他们炸得血肉横飞，肢残臂断。"

这时国王打断了我，插话说："萨达姆拒绝接受我们之间签署的协议。而且，在我们之间调解矛盾的又是谁呢？"国王停顿了一下，接着说："是阿尔及利亚！一个阿拉伯国家，而且很可能已经站到萨达姆一边，共同对付我们！没错，我们是接受了他们提出的解决方案。"接着，国王的语气里带着几分威胁，对我说："我们要给他一次教训，让他一辈子也忘不了的教训。但是，我们与其他阿拉伯国家的关系，还有我们对所有阿拉伯人的友爱之心，都不允许我们对萨达姆的暴行以恶制恶。"国王又询问我关于阿富汗的情况，还有一年前发动军事政变的达乌德·可汗。

我说："我可以给达乌德·可汗的脖子套上绳索，把他带来，交由您处置。"

他问："此话怎讲？"

我解释说："我说的绳索其实是一条公路，一条从喀布尔经伊朗的俾路支斯坦到阿曼海的公路，可以由伊朗政府修建。"接着我又说："你们负责修路，我们负责经营，这样阿富汗的产品就有了到海湾地区的通道，阿富汗进口的商品也可由这条公路，经过伊朗或其他海湾国家，从海湾运送到喀布尔。"我还提醒伊朗国王："要抢在苏联之前着手这件事，以防苏联人抢先修通道路，把莫斯科和喀布尔连起来。"

"我们的条件只有一个。"国王说。

"什么条件？"我问。

"就是达乌德·可汗召回派往莫斯科留学的12名军官。"

"那就让我们学习先知穆罕默德。愿平安降临于他[1]。"

"请告知详情。"

于是，我给国王讲了一个故事："在穆斯林和异教徒的一场战斗之后，一名异教徒伤兵想讨口水喝。一名穆斯林走过去，把剑架在这名异教徒的脖子上，大声喊道：'说！说你可以作证，除了真主，再无其他的神；穆罕默德是真主的使者。"看到这一情景，先知打断了这名穆斯林，对他说：'先给他口水喝。'"伊朗国王是位不错的倾听者，明白了我的用意。于是我又说："不要担心那12名军官，他们会带着对苏联的仇恨回到阿富汗。"

---

1 Peace be upon Him. 伊斯兰教用语，穆斯林在提到先知的名字，尤其是穆罕默德的名字时，都会加一句"愿平安降临于他"以示对先知的尊敬。

“这可能吗？”国王问。

有句老话说得好，“遇事问行家”！以前在埃及读书的时候，我认识的一些学生中有去苏联留过学的，他们回到埃及后都对那个地方抱有咬牙切齿的敌意。

与伊朗国王的会见结束了，告别的时候他坚持把我送到车门口，然后我乘车回下榻处。

第二天，也就是1974年5月16日，星期四。上午我会见了伊朗首相胡韦达（Hoveida）。我记得自己对他说过这样的话：“拉莱斯坦的一次地震动摇不了您的总理宝座，但是德黑兰的大街上少了一片面包，却能让您职位不保。”

努赛里将军来访，告诉我国王对会见非常满意。他还说：“国王对我为您访问伊朗所做的安排表示满意。我个人也感到很高兴，如果沙迦方面有需要，我愿意提供任何帮助，包括您的个人要求。”

“您能稍等一下吗？”我问他，“我把谢赫穆罕默德·本·苏尔坦·卡西米引荐给您，他是沙迦的石油部部长。”谢赫穆罕默德走进来，还带着一份沙迦和伊朗之间签署的协议。其中的一项条款规定，阿布穆萨岛周围的全部石油运营直接由沙迦负责。

看完协议，努赛里将军问我：“您还有什么要求？”

我回到说：“我需要贵国国王的亲笔信，信中声明阿布穆萨岛周围的石油运营由我本人直接负责。”

“我能把这份协议带走吗？之后会还给您。”他问。

“没关系，当然可以。”我说。

第二天，努赛里将军回到我这里，带来了伊朗国王用波斯文写给我的信。信中声明全部石油运营事务由我直接负责。他还把上次借走的协议还给了我。

1974年5月20日，也就是收到伊朗国王亲笔信的次日，我离开德黑兰返回沙迦。按照日程安排，我回沙迦后将与负责阿布穆萨岛周围石油生产的技术委员会见面。伊朗石油公司和沙迦石油部长期以来争议不断，双方也有过多次会晤，技术委员会正是在这种情况下成立的。尤斯里·杜维克先生是沙迦方政府的代表，同时也是我的私人律师；伊斯梅尔·阿卜杜勒-瓦希德先生代表沙迦石油部；石油工程师哈利利代表伊朗石油公司。

哈利利一直坚持所有文件须由他和伊斯梅尔先生共同签字。在1974年5月22日的技术委员会会议上，这两个人吵得不可开交。为了平息争吵，会议地点后来不得不改到我的酋长宫，石油部长谢赫穆罕默德·本·苏尔坦·卡西米也参加了会议。我拿出伊朗国王写给我本人的亲笔信，放在面前的桌子上。会场上除了刚刚赶到的谢赫穆罕默德·本·苏尔坦·卡西米，其他人对这封信一无所知。双方的争吵仍在继续，哈利利的嗓门也越来越高。这时，坐在我身边的谢赫穆罕默德·本·苏尔坦·卡西米对我耳语："现在是时候了，用这封信一击致命！"

每次哈利利提高嗓门，谢赫穆罕默德就会对我重复他那句"一击致命"。终于我实在忍不下去了，把信递给工程师哈利利。他读完信，亲吻了一下信纸，然后高高举过头顶，接着就为自己刚才的行为表示歉意。

1974年5月28日，星期二。这天晚上我在巴哈尔宫面见谢赫扎耶德·本·苏尔坦·阿勒纳哈扬总统殿下，汇报我的伊朗之行。

关于我的访伊行程，我最后要提一下努赛里将军，整个行程都经由他安排。1974年6月初，结束访问伊朗后的几个星期，英国驻迪拜领事A.E.桑德斯先生到访，他向我了解访问伊朗的情况。我告诉他，在访问伊朗期间，努赛里将军和很多伊朗官员一直跑前跟后，服务周到。听罢，桑德斯先生对我说："你在伊朗的活动全在萨瓦克的掌控之中。"

"这是怎么回事？"我问。

桑德斯先生回答说："努赛里将军是声名狼藉的伊朗国家情报与安全组织的头目，这个组织简称'萨瓦克'。"

沙迦开始产油

阿联酋新月石油公司拥有阿布穆萨岛周边的石油开采权，已经打了三口油井，而且正在打第四口。"新月石油"是公司的总名，旗下的博茨天然气与石油公司占有35%的股份。新月石油其他成员还包括：

亚什兰石油有限公司，占股25%

斯凯利石油有限公司，占股25%

克尔—麦吉合作有限公司，占股12.5%

朱尼珀石油有限公司，占股2.5%

为庆祝沙迦石油出口开业大吉，新月石油各子公司的经理们悉数赶往沙迦。1974年7月17日，星期三。他们来到酋长宫，参加为他们举行的午宴，出席午宴的还有沙迦高级官员和知名人士。

1974年7月17日，星期四。这天上午我出席了穆巴拉克油田三口油井的开工仪式。这三口油井日产原油6万桶。我返回沙迦城后，沙迦的艾米瑞迪万发布公告，向民众报喜：

沙加酋长谢赫苏尔坦·本·穆罕默德·卡西米殿下宣布，位于阿布穆萨岛附近海床的穆巴拉克油田已经打出石油。以博茨天然气石油公司为首的美国合作方随后也宣布，他们已完成开采石油所需的全部技术准备。

博茨公司还宣布，投产后的第一个月，每天原油产量将达到五至六万桶，但是，由于已建成的生产平台每天可接收多达十万桶原油，而且距生产平台仅一英里的艾姆湖储油罐每天的容量可达六十四万桶，所以博茨公司的公告特别指出，经最终核查，穆巴拉克油田三口油井的现有采油设备超出实际需要量。这家公司还宣布，距现有油井1.5英里的第四口油井即将枯竭，8月中旬将对该油井进行勘测。

艾米瑞迪万在发布出油喜讯的同时，祈求真主对我们恩泽有加，赐福沙迦和所有酋长国，赐福我们全体国民。当前，沙迦政府在酋长殿下的领导下，全力增进人民福祉、确保沙迦自然资源合理利用，以促进国家发展、改善人民生活，为实现国家团结和民族尊严提供保障。

在同一天的下午，新月石油公司在卡尔顿酒店为我举行午宴，庆祝沙迦出口第一船石油。众多沙迦官员参加了宴会，我发表了简短的讲话：

今天我们在此庆祝穆巴拉克油田开始出口石油，这的确是一件令人高兴的事情。就工作和执行效率而言，贵公司的早期运作可以被认为是石油开采领域最了不起的成就之一。在此，我对所有为这一成就做出贡献的人表示感谢！

我们正在见证这个伟大国家发生的积极变化，这个国家渴望一个充满机遇的未来，人民享有尊严，生活富裕而内心宁静。我们不愿意看到，而且也不允许混乱无序的出现，相反，我们已经制定了全面的、深思熟虑的计划，以最合理的方式分配石油收入。我们的计划以民众为中心，目的是建立一个平等而充满活力的社会。计划的第一阶段已经付诸实施，以重大建设项目和类似工程为主。

我祈求万能的真主保佑我们的努力取得成功。我们以不懈的努力，效命于沙迦酋长国及其国民，效命于联合酋长国的人民和他们的国家元首——谢赫扎耶德·本·苏尔坦·阿勒纳哈扬总统殿下。

第四章

破灭的希望

1975年3月25日，星期二。沙特阿拉伯国王费萨尔·本·阿卜杜勒-阿齐兹·素欧德突然去世的消息，震惊了阿拉伯世界，也使阿拉伯世界陷于哀痛之中。他被一名沙特王室成员开枪击中，不治身亡。费萨尔国王在中东地区广受欢迎，他平生最大的愿望就是在巴勒斯坦大的阿克萨清真寺做礼拜，那是一座著名的、从犹太复国主义分子的占领下解放出来的清真寺。

下面的文字记录了费萨尔国王令人难忘的一段讲话：

> 沙特阿拉伯王国视自身为每一位阿拉伯人的坚定的支持者，并且服务于每一位阿拉伯人。这个国家以维护阿拉伯国家间的合作、团结、和兄弟关系为目标。同样，阿拉伯世界也希望我们致力于阿拉伯的根本事业，致力于所有阿拉伯国家的解放，也希望我们心中牢记阿拉伯人的利益，并把实现阿拉伯人的利益作为主要任务。

悲剧发生时，费萨尔国王正在处理公务。那天上午，费萨尔国王的侄子，王子费萨尔·本·穆赛义德·阿卜杜勒-阿齐兹，以问候国王为借口走近国王。距离足够近的时候，他突然向国王连开数枪。据披露，这位王子情绪不稳定，他的行动完全是一种个人行为。费萨尔国王被紧急送往医院，但伤重不治。

沙特王室决定让王储哈立德·本·阿卜杜勒-阿齐兹·素欧德继承王位，并立法赫德·本·阿卜杜勒-阿齐兹·素欧德为新王储。

1975年11月26日，联合酋长国总统谢赫扎耶德·本·苏尔坦·阿勒纳哈扬殿下率领代表团前往沙特阿拉伯王国，吊唁遇害身亡的沙特国王费萨尔。代表团成员包括副总统谢赫拉希德·本·赛义德殿下，以及各酋长国的酋长。

我不在代表团成员当中，因为我当时正在法国访问，那天是我访法的最后一天。第二天我飞往突尼斯，开始新的官方访问行程。

1975年的对外交往

1975年我进行了一系列国事访问，出访目的各不相同。访问的国家包括科威特、意大利、法国、突尼斯，以及埃及。

科威特

1975年3月15日，星期六。应科威特埃米尔谢赫萨巴赫·萨利姆·萨巴赫的邀请，我从这天上午开始对科威特进行为期三天的国事访问。接待我们的人员包括：

副首相兼新闻大臣，谢赫贾贝尔·阿里

内阁事务国务大臣兼接待委员会主席，阿卜杜勒—阿齐兹·侯赛因

哈瓦里省总督，谢赫纳瓦夫·艾哈迈德·萨巴赫

联合酋长国驻科威特大使，赛义夫·吉尔万

其他科威特高级官员

访问科威特期间，我会晤了科威特埃米尔谢赫萨巴赫·萨利姆·萨巴赫殿下，并且看望了在科威特大学学习的酋长国留学生。

意大利

1975年3月18日，星期二。我从科威特飞往意大利。在罗马，我会晤了意大利前总理，时任外交部长的马里亚诺·鲁莫尔先生，和他探讨意大利—阿联酋双边关系。另外，我还会见了一些意大利公司的代表，尤其是电力专家。

法国

1975年3月20日，星期四。应法国总统瓦勒里·季斯卡·德斯坦的访问邀请，这一天我从罗马飞往法国。在持续一周的访问期间，我在爱丽舍宫会晤了法国总统德斯坦，向他赠送一把刻有一行阿拉伯诗句的金质宝剑。法国总统请我为他翻译这句诗，但是我说："如果要为您翻译这句诗的话，那么我们就没有时间交谈了，所以我事先把英语译文写在这张信纸上。"

他接过信纸，一边问："您对法国政治有什么看法？"

"法国政治就像这件白色的阿拉伯长袍。"我一边说一边指着自己穿的白长袍。接着，我从总统的办公桌上取了一支钢笔，

在长袍的前胸位置滴了一滴墨水，然后对总统说："现在这件长袍和以前不一样了。"

"那个黑色的墨点是什么呢？"总统问。

"有些人宣称自己代表法国，他们正在破坏阿尔及利亚的国家统一。在阿拉伯世界，我们把这种行为理解为法国毫无理由地干涉阿尔及利亚的内部事务。"我是想告诉法国总统，法国的政治没有问题，就像我的白色阿拉伯长袍一样纯洁，只不过是沾上了一个污点，就像我滴在长袍上的一滴墨水，它代表了法国对阿尔及利亚的政策。总统拿起笔，记下我对这个问题的观察和见解。

我们还详细讨论了吉布提问题，吉布提当时属于法国占领的索马里领土。我向法国总统提议，法国在撤出吉布提前，应与当地的冲突双方达成妥协，并制定一部宪法，以便双方联合执政。

这时总统办公室的门开了，一名侍从探头朝里看，总统用一个很微妙的手势示意他离开。我意识到会谈超时了。

在法国期间，我还会见了几家公司的经理，他们都愿意为沙迦的发展有所贡献。

突尼斯

1975年3月26日，星期三。应突尼斯总统哈比卜·布尔吉巴的邀请，我在这一天前往突尼斯进行官方访问。1975年1月2日，哈比卜·布尔吉巴的儿子，小哈比卜·布尔吉巴访问沙迦时，向我转达了他父亲对我的邀请。

到达首都突尼斯市后，我下榻于共和宫。我住的总统套房离哈比卜·布尔吉巴总统的房间不远，访问期间我们多次见面。

3月27日，我和布尔吉巴总统举行会谈，在座的有总理哈迪·阿布·努伊拉，外交部长哈比卜·沙提，以及联合酋长国驻突尼斯大使。当晚，总统设宴款待我们一行，多位突尼斯高级官员出席了宴会。

次日，我先参观了位于老城区的宰图纳大清真寺，然后参观了手工制品展览。此外，我们还走访了多家经济机构，在几家不同类型的图书馆，我亲眼目睹了那些著名的重要伊斯兰文献的手稿。

第二天上午，布尔吉巴总统在他的共和宫办公室接见了我，并授予我“突尼斯荣誉徽章”，以彰显突尼斯和联合酋长国之间兄弟般的友谊。总理哈迪·阿布·努伊拉和外交部长哈比卜·沙提也参加了接见。接着，我向总统回赠了一把金质短剑。接下来的访问行程是游览伊斯兰古城凯鲁万和旅游胜地吉尔巴岛。

3月30日，我前往布尔吉巴总统的出生地莫纳斯蒂尔观光游览。我们于次日离开突尼斯去埃及。

埃及

1975年3月31日我们抵达埃及开罗，进行为期四天的国事访问。在开罗机场迎接我们的是总理阿卜杜勒-阿齐兹·赫加齐博士。我们有过一面之交，我曾在他位于开罗市中心的办公室拜访过他，他当时是开罗大学的会计学教授，而那时的我是开罗大学农学院的学生。

1975年的开罗之行，我们也会晤了数位重要的埃及部长和联合酋长国驻埃及大使塔里亚姆·本·伊姆兰阁下，另外还有几位阿拉伯裔的部长。

访问期间全程陪同我们的是埃及农业部长马哈茂德·阿卜杜勒-阿海尔博士，他曾经是我的果蔬专业教授，此时还担任着埃及大学农学院的院长。陪同我们的还有内阁礼宾司司长易卜拉辛·沙拉维。

1975年4月1日上午，双方的正式会谈在内阁总部举行，埃及代表团由总理阿卜杜勒-阿齐兹·赫加齐博士任团长。会谈结束后，我们前往人民大会（相当于埃及国会），会见其发言人赛义德·马里。

第二天，我会见了总统安瓦尔·萨达特。会见安排在晚礼之后，地点是卡纳特海里亚的一栋别墅。陪同我的是联合酋长国驻埃及大使塔里亚姆·本·伊姆兰阁下。

萨达特总统站在户外的楼梯口迎接我们，楼梯一直通向别墅二楼的房间。我与同行的大使先生依次与总统握手寒暄，然后，总统的一只手放到我身后，领着我一步一步登上狭窄的楼梯，一边说："欢迎你们！欢迎来到埃及之子家里做客！"

会晤期间，萨达特总统谈到由他发起的1973年那场战争，抱怨苏联没有向他提供武器援助。我开口打断了他："已故总统贾马尔·阿卜杜勒·纳赛尔，愿真主保佑他的灵魂安息，英年早逝的纳赛尔总统已经做好了一切开战准备。"我说话的时候，萨达特拿起打火机，点燃了一直握在手里的烟斗。他深深地吸了几大口，然后把烟一下子吐出来，似乎想躲藏在烟雾后面。萨达特正要发作的时候，塔里亚姆·本·伊姆兰大使出来打圆场，换了一个话题，他问萨达特总统："您和叙利亚的关系如何？"

"关系很好。"总统回答说。

接下来是冷场，我觉得自己不得不告辞了。于是我起身把手伸向萨达特，要和他握手告别，总统从桌子后面伸出手，说了声

“再见”。

1975年4月3日，星期三。我们访问团一行在阿盟总部会见了秘书长马哈茂德·里亚德。会见结束后，我们前往联合酋长国驻开罗大使馆，看望使馆工作人员。

1975年4月4日，星期四。我在阿拉伯社会主义联盟总部会见了联盟中央委员会秘书长穆罕默德·哈菲兹·加尼姆博士。将近两年前的时候，我在加尼姆博士的办公室见过他，当时他对纳赛尔的领导大加赞扬。但是在那一天，我在同一间办公室再次见到他的时候，他却判若两人。一开口就问我：“在阿卜杜勒·纳赛尔时代我们得到了什么？他给我们留下那些垃圾一样的工厂，还有阿斯旺水坝，大坝阻挡了流向下游的泥沙，毁掉了埃及的农业！”

我打断他的话：“您是说那些工厂是垃圾吗？你是说联合酋长国政府持有几百万美元股份的那些军工厂吗？如果是这样，我要将这些情况通知联合酋长国政府，告诉他们减少投资，因为这些工厂质次价高，根本不具有投资价值。至于阿斯旺水坝，它不仅在旱灾时保护埃及，还提供廉价的电力，让埃及最偏远的城镇和乡村通了电。”说完我就告辞了，听见身后的加尼姆博士对扎卡利亚·尼尔大发雷霆，恶语相向。扎卡利亚·尼尔是名记者，我和加尼姆会面时他回避了。

扎卡利亚后来告诉我：“在您到达之前，加尼姆博士向我打听殿下的情况，我告诉他您也是一位埃及之子。您离开后，加尼姆博士对我大喊大叫，说‘他仅仅是埃及之子吗？他比生长在吉萨市中心的埃及人还了解埃及，您根本吓唬不了他！’”

1975年4月6日，我回到沙迦。

第五章

一个国家，一面旗帜

阿拉伯联合酋长国建国在海湾地区史无前例，但时间在证明这个新生的联邦国家将获得成功，尽管在建国的初期遭遇到种种困难。这一阶段以国家机构的组成和建立为主要特征，是我们进入新阶段的起点，也是我们发现问题，为未来的发展道路扫清障碍的阶段。

1974年1月9日，星期三。经过五个月紧张、细致的研究，我在这一天向联邦最高委员会会议提交了一份报告。这份长达十页的报告由一个我任主席的委员会起草，该委员会受命研究巩固联邦团结的方法和途径。尽管报告就如何解决国家各部门存在的方方面面问题以及如何克服障碍，推进下一步发展提出许多建议。然而，无论对整个报告还是报告的某个部分，最高委员会都没有任何回应。

1975年4月26日，最高委员会召开会议，由总统谢赫扎耶德·本·苏尔坦·阿勒纳哈扬殿下主持。会议重点讨论有助于巩固联邦统一，促进目标实现的建议和措施。全部建议和措施都包括在部长级委员会准备的一份报告中，委员会主席是联邦总理谢赫马克图姆·本·拉希德殿下。

坦诚、坚毅的谢赫扎耶德殿下

1975年10月21日，星期二。在这一天的记者招待会上，联合酋长国总统谢赫扎耶德·本·苏尔坦·阿勒纳哈扬殿下向当地媒体发表讲话。这是联合酋长国成立以来最重要的记者招待会之一。谢赫扎耶德谈到大量的国内问题，关于这些问题，下文会做归纳。总统殿下还阐述了他个人关于国家未来发展阶段的看法。谈到他个人作为总统的责任，以及全体最高委员会成员和普通公民的责任，总统殿下明确表示，我们的责任就是推动国家向着新的未来前进，在未来，所有现存的障碍都将被克服。

谢赫扎耶德殿下还强调了一个事实，那就是，联合酋长国武装力量确保了国家的稳定和安全，这一局面有助于责任的公平分配和对犯错者追责。谢赫扎耶德说："每一位酋长都有责任确保国家的稳定，都不应该追求与国家目标背道而驰的目的，因为全体国民都在看着他，对他充满了期待。我们必须先人后己，先公后私，这是团结我们的纽带，也将为我们每一个人带来幸福、富裕的生活。"在谈到言论自由和批评权时，谢赫扎耶德殿下说：

> 我们信仰自由，并致力于维护公民的尊严。新闻出版是国家的一部分，代表着民众的良知。所以，我们欢迎的是记者们建设性的批评，因为我们共同参与了意见的形成，在意见的规划和执行中，我们是合作伙伴。我们的目标是为建设好我们的国家，做好一切符合公众利益的事情。
>
> 但令人遗憾的是，在这个国家的大众媒体中还存在与我们的目标相矛盾的宣传，这种现象必须得到纠正。

总统殿下还指出各酋长国在工业项目建设方面相互合作的重要性，他说："我们的国家经济是一个相互联系的整体。每一个建设项目都必须为全社会服务，让全社会共享建设成果。"

另外，在谈到联邦国民议会时，谢赫扎耶德殿下说："我们欢迎所有联合酋长国的儿女们的意见，在所有的问题上，无论问题大小，我们始终愿意倾听他们的意见，与他们共担责任。我们都是这个国家的战士，如有人认为自己不是，那么他就不配与我们为伍。"

行政腐败是谢赫扎耶德殿下在记者招待会上谈到的另一个问题，他说："只要有腐败存在，这个国家就不可能成为一个成功的国家，这种恶疾必须从我们的国家机体中根除。我并不希望我们当中的某个人患上这种我们必须与之做坚决斗争的恶疾。为了保护我们自身和我们的孩子，我们必须保持高度警惕。公众利益必须自始至终得到保护，任何偏离正确轨道的人都将受到追究，决不姑息。"

关于降低民众生活成本负担，以国家贸易公司低价，也就是民众能承受的价格出售食品的方式提供国家补贴，谢赫扎耶德殿下说："商人们必须意识到，成立国家公司的目的是服务于我们的人民的利益，所以，为了全体民众的最大利益，商人自身的利益必须让位于民众。"

关于联合酋长国的石油工业是否会国有化的问题，谢赫扎耶德殿下回应说："目前我们还没有考虑国有化问题，因为我们需要有能力对石油工业实施有效管理的专家，但我们自己目前还没有合格的、能够胜任工作的干部。而且，我们也不想用一群外国专家替换另一群外国专家。"

记者会结束后，我面见谢赫扎耶德殿下，当时在场的还有外交部长艾哈迈德·本·哈利法·苏韦迪阁下。我向他们报告了我正在计划实施的、旨在增强联邦实力的多项决定，这些决定不仅可以作为未来的实际发展步骤，也可供其他酋长们参考、借鉴。谢赫扎耶德殿下表示赞同。

加强联邦建设的决定

1975年11月4日，星期二。我为沙迦交通部新大楼落成剪彩，并参加庆祝活动。我在落成仪式的演讲中说：

以最高尚、最仁慈的真主的名义，亲爱的兄弟们，尊敬的公民们，首先我向你们表示问候和欢迎，并感谢你们参加沙迦交通部的成立仪式！这是一个新机构，标志着我们在建设联邦的道路上又前进了一步！

亲爱的兄弟们，我今天想敞开心扉同你们说话，因为我们有着同样的信仰，我所渴求的也正是你们所希望的。

政治分治是强加于我们的一个现实，从阿拉伯湾到大西洋的整个阿拉伯世界莫不如此。这种分治的现实始终存在，尽管在很久以前我们就获得了民族地位，有着统一的民族认同，并且作为一个整体存在了许多世纪。

在当今的阿拉伯世界，似乎并不存在政治分治的客观基础。事实上，我们今天所目睹的不同族群、国家、文化和利益的形形色色的分治，都没有它们存在的客观基础。

我们的一个历史教训是，阿拉伯民族从来都是这样被分裂的：一个整体被劈成很多块，结果就产生了利益的分歧。阿拉伯世界的舞台上上演过的一幕幕，我们看得一清二楚。

从这里，我的兄弟们，在海湾沿岸，我们敏锐地观察在更广阔的阿拉伯家园正在发生的一切，因为我们相信我们有着共同的命运。正是通过这种方式，我们确认了自己阿拉伯人的身份认同，将我们的民族主义付诸行动。发生在黎巴嫩的持续不断的内战就是这种政治分治的一个例证，它把维系阿拉伯社会的纽带撕成碎片；同样，黎巴嫩内战也是毁灭我们、毁灭我们阿拉伯人的分裂主义的明证。正在发生的、阿拉伯兄弟在巴勒斯坦问题上的的争议和意见分歧，是外国势力将混乱和动荡强加于我们的又一例证，他们的目的就是希望我们阿拉伯人四分五裂，无法作为一个团结的整体，作为一个完整的阿拉伯民族再次崛起。

亲爱的兄弟们，我们，阿拉伯人民，反对分裂、痛恨战乱！联合酋长国的人民，也就是我们，反对分裂，痛恨战乱！我们信仰统一，视之为我们最终的命运。我们为团结而奋斗，倾尽全力；我们为国家振兴而奋斗，矢志不渝。我们今天的奋斗是为了我们的国家最终能够由孱弱而强盛，在多年的动荡之后屹立于世界。

国家初创，百废待兴，目前的局面要求我们付出前所未有的努力，要求我们团结友爱，改正错误，并且超越个人的恩恩怨怨。兄弟们，我们必须确保国家的稳定，保卫我们新生的国家，唯有如此，我们的国家才能以高大的形象骄傲地站立起来。

公民们，民众今天要求他们的酋长们将所有的地方政权合并成统一的联邦权力机构，团结在一面旗帜之下，一位总统周围。我认为我们当中不会有人持相反的意见，或者站在民众意愿的对立面。民众的决心有其自身的力量和影响，也应有正当的表达程序。此时此地，我以你们的名义大声疾呼，政权机构的完全合并势在必行，这是国家在当前发展阶段的要求，特别是当我们经历了四年的尝试与失误、成功与失败之后。

几天后，我们就要迎来国庆和独立纪念日。我们必须向我们的人民，向那些饱受政治纷争之苦、并亲眼目睹其恶果的人民证明，我们实现伟大目标的信念和决心不可动摇。这个目标就是团结和统一，就是全力支持谢赫扎耶德总统。我们的总统克己奉公，为国家发展和人民福祉，殚精竭虑、不辞辛劳。

我的兄弟们，我现在以你们的名义宣布下列部门与联邦机构的合并：

1. 沙迦警察与公共安全部合并到联邦内务部；

2. 沙迦地方司法部门合并到联邦司法部；

3. 沙迦广播电台合并到联邦信息部；

4. 沙迦电报与无线通信部合并到联邦交通部；

5. 作为沙迦安全部队的国民警备队合并到联邦内务部。

上述部门与联邦相关机构合并，意味着沙迦酋长国的全体公民将融入统一的联合酋长国的进步事业，并致力于包括全体酋长国的国家统一。今天我们在这里，在沙迦，明白无误地大声说出我们的目标！

最后，我最衷心地祝愿，在谢赫扎耶德殿下的领导下，联合酋长国的人民生活安康！谢赫扎耶德既是我们的总统，也是我们的兄弟。愿真主为我们指引正确的道路，让我们在他的引领下效命于阿拉伯民族，用我们英雄般的胜利为阿拉伯世界争光！

谢谢大家！

我演讲结束的时候，新落成的交通部大楼的上方升起了联合酋长国的国旗。

当天，在我宣布机构合并的决定之后，大批联合酋长国和其他阿拉伯国家的记者纷纷赶往记者招待会的现场。记者招待会持续了一个小时，我回答的问题主要涉及落实决定所需的各项措施。有几家媒体提出了非常有意义的问题：

问：这些决定出台的时机为何如此接近刚刚结束的、全体酋长列席的最高委员会会议？（努威斯·阿卜杜拉，阿布扎比电视台记者）

答：首先，这些决定并非当下的突发奇想，或针对最高委员会会议这一特定的时机。联邦成立以来，与这些决定有关的问题一直备受政府官员们的关注。我们一直努力提供联邦政府所需的一切帮助，所以就有了这些决定，落实这些决定就是为了解决这些问题，因为它们已经成为联邦前进道路上的障碍，阻碍了我们的人民取得他们所希望的进步。这些决定是对人民愿望的回应，这个愿望就是合并与统一。统一始终是我们的目标，虽然我们当初也许没有认清实现统一的途径，但是现在我们已经有能力应对这些困难，因为它们如今已经弱化为表面的程序或手续问题，它们起码不至于成为我们行动的障碍。

我们已经迈出第一步，宣布地方部门与联邦机构的合并。如蒙天佑[1]，肯定还有会有后续措施出台，目的是为了取得更大的进步，建立更为密切的内部关系，以及实现更为牢固的国内团结，从而有利于整个地区的和平与安全。

问：落实这些决定后，在最高委员会会议上，您认为列入议程的首要问题是什么？（哈利德·穆罕默德·阿哈默德，《联合报》记者）

答：目前所做的只是第一步，我们不会就此止步。相反，我们会继续努力，继续致力于谋求更加紧密的团结和更为密切的合作。作为一名活跃的最高委员会成员，我的努力不会止步于已取得的成果。我们应该向着完全统一与合并这一最终目标前进，以回应民众的愿望。这是我们的职责所在，一项如果今天不能完成，那么明天也必须完成的职责，因为这一职责承载着人民对我们的信任。愿我们所有的努力都有真主的引领。

当天快结束的时候，我收到谢赫扎耶德·本·苏尔坦·阿勒纳哈扬殿下的贺电，对我的决定表示赞赏。不仅如此，第二天，也就是1975年11月5日，谢赫扎耶德总统当天晚上来到沙迦亲自向我表示祝贺，并参加了庆祝活动。民众聚集在沙迦国民议会大

1　inshallah，穆斯林用语，意为“如果真主允许的话”。穆斯林在表达想做或将做某事时，通常会加上这句话。

楼前迎候总统的到来。总统到达时，他们高唱民族歌曲，挥舞旗帜和欢迎标语。谢赫扎耶德殿下对我大加称赞和表示祝贺时，一大群兴高采烈的民众欢呼着来到马吉利斯，希望和总统殿下还有我握手，以示祝贺。

易帜

1975年11月6日，星期二。这天早上，我正在等待游行队伍的到来。为表达对我所做决定的支持，民众发起游行活动。游行队伍日出时分从沙迦城的入口出发，比计划时间提前了许多。

上午十点，游行已经吸引了超过一万人参加，队伍穿过沙迦城的街道向国民议会大楼进发。街道上飘扬着印有扎耶德殿下和我本人的画像旗帜，标语牌上有的写着支持决定的口号，也有的写着要求完全统一和根除腐败的文字。

我周围是成千上万的民众，他们绝大多数是政府或私人部门的雇员，也有一些学生。我站在旗杆旁边的一张桌子上，旗杆上飘扬着沙迦酋长国的国旗。我手里捧着联合酋长国国旗，对人群大声说："这个国家只应有一位总统、一面旗帜。今天，让我们把言语付诸行动，降下沙迦的旗帜，升起联邦的国旗，让沙迦的所有政府机构都升起联合酋长国的国旗！"在人群的欢呼声中，我完成了旗帜的更换。

有些民众对易帜表示担心，甚至有人抱怨说："苏尔坦这么做等于是拔掉了卡瓦西姆[1]部落的旗帜。"于是，我就不得不向他

1　卡瓦西姆，作者所属的家族，是统治阿联酋的六大家族之一，统治了七个酋长国中的两个，即沙迦和哈伊马角。在阿拉伯语里，"卡瓦西姆"是"卡西米"的复数形式。

们解释这面旗帜的真实来历：

> 卡瓦西姆部族的旗帜白底，中间有一条红杠，这面旗被英国人当作他们的第二面国旗。进出英国港口的船只会升起这面旗，表示船长在船上。打败卡瓦西姆部族后，英国人将这面旗送给了卡瓦西姆部族，用来代替他们原有的部族旗。卡瓦西姆的部族旗从上到下依次是绿、白、红三色，白色部分印有古兰经的经文“真主的胜利和即将到来的征服”。1820年1月8日，星期六，卡瓦西姆部族在这一天失去了他们自己的部族旗帜，我现在所做的恰恰是把尊严还给今天的沙迦人民，同样也是还给沙迦的先民。实际上，现在和过去的沙迦人被迫向之行礼的正是入侵者的旗帜，而正是这些入侵者剥夺了沙迦人自己的旗帜，那面象征卡瓦西姆部族不懈抗争的旗帜。

此后不久，其他酋长国也陆续降下各自的国旗，升起联邦旗。在1975年11月15日的最高委员会会议上，阿治曼、乌姆盖万、富查伊拉三国酋长同意跟随我的做法，将其政府机构并入相关联邦机构，并升起联邦旗。

接着，阿布扎比酋长，即谢赫扎耶德·本·苏尔坦·阿勒纳哈扬总统殿下也做出易帜的决定，升起联邦旗。同时他还决定将阿布扎比财政收入的50%贡献给联邦财政，用于建立阿拉伯联合酋长国大学和成立国家审计委员会。

第六章

索马里与美国的“伊斯兰国”

人在索马里

1976年1月18日，星期日。应索马里总统西亚德·巴雷的邀请，我在这一天前往索马里进行官方访问。

随行的代表团成员包括：

工程部部长，穆罕默德·本·苏尔坦·卡西米

沙迦艾米瑞迪万主席，谢赫阿卜杜拉·本·穆罕默德·卡西米

沙迦市政局主席，谢赫沙特·本·苏尔坦·卡西米

外交部全权公使，谢赫沙特·本·哈立德·卡西米

联合酋长国驻埃及大使塔里亚姆·本·伊姆兰·本·塔里亚姆

教育部长，阿卜杜拉·本·伊姆兰·本·塔里亚姆

沙迦酋长的私人秘书，贾西姆·本·赛义夫·米德法

沙迦国民银行行长，阿卜杜勒-拉赫曼·布哈特

酋长护卫，阿里·本·阿卜杜拉·穆哈扬少校

出发前，在国防部长谢赫穆罕默德·本·拉希德·马克图姆殿下的带领下，部分政府高级官员和普通民众为我们送行。

1976年1月20日，星期二。我和索马里总统西亚德·巴雷举行了正式会谈，沙迦和索马里双方都有代表参加。

谢赫扎耶德·本·苏尔坦·阿勒纳哈扬殿下授权我向索马里提供援助，帮助该国建设一些重要工程。

在访问索马里期间，我们白天在各地参观访问，晚上我和巴雷总统进行了几次会谈，担任翻译的艾哈迈德·哈桑是他的一名部长。

在其中的一次会谈中，巴雷总统把共产主义说成是一种生活方式。我对他说："无知之人才照搬外国的思想，而智者则借鉴自己人民的思想并将它们发扬光大。"翻译把我的话译给巴雷总统，他听后非常生气，嘴里嘟嘟囔囔，他的索马里语我一句也听不懂。

后来，艾哈迈德·哈桑和西亚德·巴雷闹翻，前往沙迦见我。我问起上次和西亚德·巴雷私人会晤时，他嘟囔的那些话是什么意思。艾哈迈德·哈桑告诉我，西亚德·巴雷当时是这么说的："你真该被诅咒，你真该被诅咒。你竟然说我无知！"

我代表谢赫扎耶德·本·苏尔坦·阿勒纳哈扬殿下，向索马里提供了下列援助和建设项目：

1. 阿联酋方面提供四千万美元为索马里修建一座水坝；
2. 修建一座糖厂；
3. 成立三家宗教研究机构，由阿联酋教育部管理；
4. 救济遭受旱灾的索马里灾民。

这些援助项目包括在准备发表的联合声明中。但是，这份声明拿给巴雷总统过目时，他对声明中的这段文字表示反对：“双方经多次会谈确认，两国将共同积极努力，维护伊斯兰教义的完整性，用伊斯兰教义维系两国人民的团结，使之符合最为崇高的、无可争辩的伊斯兰原则。会谈还确认，两国愿共同致力于强化伊斯兰原则，并采取一切措施、尽一切可能促进伊斯兰原则的执行，让真主的旨意深入人心。”

因为巴雷先生想删掉这段话，我要求和他见面。我对他说：“关于这份声明，我方也有自己的考虑。”

他问：“你们是想收回所承诺的援助和建设项目吗？”

我回答说：“我个人无权决定。这些援助都是谢赫扎耶德·本·苏尔坦·阿勒纳哈扬殿下给索马里的礼物。他授权我提供这些援助的时候，没有附带任何条件。”

于是，巴雷总统对我说：“很好。那么我同意发表这个声明，而且不做任何更改。”

推迟访问苏丹

早前，苏丹总统贾法尔·尼迈里邀请我访问苏丹，出访时间定在1976年1月26日至30日。但是在我们动身的前一天，哈桑·侯赛因·奥斯曼少校和22名同党遭到处决，理由是他们参与了1975年9月5日的军事政变，政变的苏丹军人有195人。

1976年1月26日，我从索马里回到沙迦。我们对在沙迦的苏丹人说：“你们以前经常宰牛款待客人。这次我们去做客，你们怎么改成杀人了呢？”

接受联合酋长国和科威特报纸采访

1976年三四月间我接受了多家报纸的采访，第一次是科威特《火炬报》和联合酋长国《联合报》的联合采访。1976年3月6日，星期六，也就是采访后的第二天，采访内容在两份报纸同时见报：

问：殿下，在联合酋长国历史的这一重要阶段之后，这个国家未来还会有哪些变化？

答：七个欠发达的酋长国在经历了多年的分治之后，合并为一个国家，这在本地区的确是一个特殊的事件。合并仅仅四年，我们的成绩却有目共睹。甚至我们关于联邦的认识也在不断变化，以至于我们现在可以听见这样的呼声，希望我们实现完全的合并，成为一个包括一切的真正的统一体。之所以有这种呼声，是因为我们对联邦的积极态度和我们内部的团结。

如果看一下我们的临时宪法，我们很容易发现，联邦成立之初我们就有一个意向，希望能沟通不同观点，制定有根有据的策略，从而建立起包容全体酋长国的国家实体。如果我们坚持既有路线继续探索，我们的未来就大有希望。这不仅是对我们而言，对整个海湾地区和阿拉伯民族都是如此。

我们的国家比其他任何地方都更需要团结。不是所有的阿拉伯国家都有和我们相同的经历，我们希望我们所渴望的团结能够扩大到从海湾到大西洋的整个阿拉伯世界。虽然只有四年时间，我们取得的进步超过了很多国家。

在联邦成立之前，这些责任不属于我们当中的任何一个酋长国。所以，我们的经验既是全新的，也是唯一的。世界对我们的看法不尽相同，我们在国际社会的地位也在发生变化。我们已经和许多国家建立了外交关系，我们还加入了多个国际组织，并多次参与国际谈判。

在国家治理上，我们过去各行其政，每个酋长国都有自己的地方行政机构，在工作能力和资源等方面都受到限制。这种局面如果继续下去，将会成为联邦前进道路上的障碍。

我们走过的历程表明，虽然我们严重缺乏各领域的专业人才，而且国家层面的各项法律和规章的制定花了相当长的时间，但是令我们感到自豪的是，我们已经为这个国家的发展和进步打下正确而坚实的基础。我们已经取得了巨大的成就，并渴望更大的成功。

问：殿下，您认为联邦的各成员国存在内部分歧吗？

答：正如我所言，我们的民族过去四分五裂，现在团结和睦，我们的国家已经成为统一的整体，地位得到提升。新生的统一国家也催生了民众更高的期待，因此我们并不打算搞内斗。我们的联邦不同于其他任何联邦国家，我们不仅同属一个民族，更重要的是我们是家人和亲戚。

我们注意到，民众要求排除前进道路上的所有障碍，我们积极响应民众诉求，颁布了将所有地方政府部门与联邦相关部门、机构合并的决定，我们这样做是为了民众和本地区的利益，而且我们的决定也确实对民众和本地区有益。

虽然没有实质性争议，但不排除有人想挑起事端。幸好，酋长兄弟们都是有远见的人，所以合并成功是完全可能的。如蒙天佑，民众很快就会见证我们利国利民的种种努力结出的果实。

问：统一联邦军队的进程如何？

答：一个由科威特、沙特阿拉伯、约旦三国组成的军事委员会已对联合酋长国的军队建设问题进行了全面深入的研究。该委员会的工作已于去年结束，研究结果也已提交联邦最高委员会，并得到各位酋长的初步同意。一项更为深入的调查正在进行中，相关委员会不久就会做出最终决定，届时有关决定将得到执行。我们会看到，一支统一的军队将使整个联合酋长国受益。

另一次是科威特《集会》周刊和阿联酋《联合报》的联合采访。1976年4月20日，星期五。两份报纸同时刊发了采访内容。关于建立联邦的进程问题，我是这样回答的：

建立联邦是一次全新的经历，同时也是唯一的。这是因为，由于人为制造的障碍，建立联邦的条件并不理想。这些障碍的出现，有的是由于殖民者的撤离，也有的是因为当时已经表面化了的政治分治。

现在，联邦已经取得了巨大的进步。但是在处理联邦事务的经验方面，还需要更多的探索和实践，无论是内部事务还是外部事务。我们不得不面对的事实是，我们缺乏在国家层面处理内政和外交的经验。我们以前的经验仅仅局限于酋长国的范围，那时的外交及相关事务由英国人掌管。近来我们在内政和外交方面之所以能取得不俗的成绩，其直接原因恰恰是本地区的人民，当然也包括各位酋长在内，终于有机会通过实践获得必要的经验。

关于如何处理好敏感事务的问题，我回答说："判断国事，存在不同的意见很正常。为了达到对国家最有利的结果，自然会有赞同和反对的声音。同时，任何新的经验都不可能完美无缺，埃及和叙利亚之间的联盟[1]就是一个很好的例证。所以，被殖民主义撕裂的民众当中出现不同意见，是再正常不过的事情。"

记者要求我详细阐述这个问题，于是我继续说："就像皮肤上长的瘤，唯一的办法就是把它割掉；把所有的问题都摆在桌面上，这是对我们有利的做法。欧洲和其他发达国家没有和我们类似问题，这是因为他们的现行法律已经施行多年。"

问：您对临时宪法有何看法？

答：一些宪法条款先前是针对不同的酋长国起草的，以至于内务部看起来更像是管理公路的交通部门。如今，情况已有所改变，内务部已初具规模，并且已经

1　1958年2月1日，埃及与叙利亚合组成立阿拉伯联合共和国；由于埃及的个别霸权主义政策，1961年9月28日，叙利亚宣布退出。

在履行与其职能相符的职责。绝大多数酋长国已将安全部门合并到联邦，如富查伊拉和阿治曼。

在1976年4月16日的另一次记者招待会上，我再次表明态度：

团结和统一是我们的命运，也是本地区民众的真诚愿望。一些酋长国在某些联邦问题上的不同立场只是表明，他们在花时间对局势进行思考，目的是为了使我们一致向前的步伐更加强健，并且避免误入歧途。我想说明的是，不同的立场不是前进路上的障碍，也不是反对团结的主张，尽管有人希望如此。相反，联邦最高委员会成员从一开始就心怀虔诚的愿望，为了联邦能够脚踏实地，稳步向前，我们希望迈出的每一步都恰当稳妥。

在接受科威特《海湾之声》总编辑的采访时，我也对他说："制定国家永久宪法将有助于稳固联邦基础，以符合人民愿望的方式消除前一阶段存在的一些不够积极的因素。人民的团结是一条正确路线，我们绝不能偏离，尤其是考虑到国民已经亲身体会到联邦近来为他们带来的好处。"

出访卡塔尔

应卡塔尔总统埃米尔谢赫哈利法·哈马德·萨尼殿下的邀请，我计划对卡塔尔做短期官方访问。我们的访问行程从1976年5月1日开始，随行的代表团成员有：

沙迦艾米瑞迪万主席，谢赫阿卜杜拉·本·穆罕默德·卡西米；司法部长，谢赫艾哈迈德·本·苏尔坦·卡西米；外交部全权公使，谢赫沙特·本·哈立德·卡西米；谢赫费萨尔·本·苏尔坦·卡西米；联合酋长国驻埃及大使塔里亚姆·本·伊姆兰·本·塔里亚姆阁下；沙迦国民银行行长，阿卜杜勒-拉赫曼·布哈特；护卫，阿里·法赫德少校。

我们于当天抵达卡塔尔首都多哈，迎接我们的是卡塔尔外交大臣谢赫苏海姆·本·哈马德·萨尼殿下，市政事务大臣谢赫穆罕默德·本·贾巴尔·萨尼。

一到多哈，我们就会晤了埃米尔谢赫哈利法·哈马德·萨尼殿下。当天下午我们参观卡塔尔国家博物馆及其他地方。次日，我们从多哈经伦敦飞往美国。

访问美国

访问美国的想法始于和伊兹丁·易卜拉辛博士的一次谈话，他是谢赫扎耶德·本·苏尔坦·阿勒纳哈扬总统殿下的顾问。易卜拉辛博士告诉我，“伊斯兰国家”[1]是一个非洲裔美国人组织，在首领伊利亚·穆罕默德的领导下，组织成员已皈依伊斯兰教。

“伊利亚”在阿拉伯语里意为“地位高的”。这个名字是该首领皈依穆斯林时，一个名叫法尔德·穆罕默德的巴基斯坦人给取的，相当于一个头衔。三年半之后，法尔德·穆罕默德不知

1 the Nation of Islam，美国政治宗教运动组织，成立于1930年，总部位于芝加哥，现任领导人路易斯·法拉汗，又译“伊斯兰国”，为避免歧义，故用现译。

所踪，于是伊利亚·穆罕默德开始按照自己的想法为“伊斯兰国家”设立各种教规，并且编造关于伊斯兰教的虚假故事。他甚至妄称自己是真主安拉的使者，而传授《古兰经》的法尔德·穆罕默德是大天使加百利[1]。另外，他还宣称白种人都是魔鬼。伊利亚·穆罕默德死后，他的儿子沃利斯·乌丁子承父业，但是他对伊斯兰教的理解明显强于他的父亲。就在我和易卜拉辛博士谈话的那段时间，沃利斯·乌丁希望他的组织能改弦易辙，回到伊斯兰教的正宗，但他又担心组织里有人想和他竞争领导地位，路易斯·法拉汗就是其中之一。“所以，”易卜拉辛博士对我说：“希望您能到他们那里访问一次，这将促成沃利斯·乌丁改正‘伊斯兰国家’的信条，回归伊斯兰教的正宗。”我接受了这个类似传教的任务，并为出访美国做了必要安排。一旦我们的访美行程开始，伊兹丁博士会在美国那边等我。

去美国的途中，我们取道卡塔尔，在伦敦停留一夜，于1976年5月3日飞往芝加哥。那天晚上在芝加哥机场，迎接我们的“伊斯兰国家”信众多达万人，带领他们的是组织首领沃利斯·乌丁。握手问候之后，有人为我戴上花环，这时穆斯林们高呼口号，“真主至大”回响在机场。

到机场迎接我们的还有伊兹丁·易卜拉辛博士和工程师穆斯塔法·穆明，他在沙迦开设了一家工程咨询公司。

从机场到下榻的酒店，沿途都是穆斯林信众，他们跑在我们的车队两侧，跑在右侧的人群中就有拳王穆罕默德·阿里[2]（原名卡修

1　Archangel Gabriel，又称“天使长”、“总领天使”，是常见于宗教传统中的天使，包括基督教和伊斯兰教。

2　原名卡修斯·克莱，1964年2月25日成为世界重量级拳击冠军，次日宣布皈依伊斯兰教，改名穆罕穆德·阿里。

斯·克莱）。因为人多，道路变得异常拥挤，造成一个小时的交通拥堵。第二天的报纸上说，前一天的堵车令很多人不满。

我们到达的当晚就安排和沃利斯·乌丁·穆罕默德见面，地点在我酒店的套房，提前赶到美国的伊兹丁·易卜拉辛博士也在场。沃利斯·乌丁进来时，易卜拉辛博士对他说："我和殿下刚才正在说你们'伊斯兰国家'的事。"

沃利斯·乌丁说："我父亲从法尔德·穆罕默德那里学习了伊斯兰教，只是一般的信徒，但他是这个教派的创始人。我很小的时候就注意到，这个教派的有些教义有违常理。所以，苏尔坦殿下，我真心请求您为我铺一条路，以便我能宣布一些必要的改革措施。"我表示同意，并约定第二天再见面。

1976年5月4日，我们来到"伊斯兰国家"的总部，了解他们的活动情况。走进办公室之间的走廊时，所有的人都用伊斯兰教的方式向我们致以问候："愿真主的安宁、仁慈和佑护与您同在。"

下午的时候，我们在"伊斯兰国家"的清真寺与其成员见面。清真寺位于芝加哥最著名的一条大街上，以前是一座教堂，后来被"伊斯兰国家"买下，改成穆斯林做礼拜的场所。着实令我吃惊的是，他们的清真寺根本不是传统意义上的清真寺，整个布局还是教堂的样子，有一排排座椅，男女信众坐在一起。清真寺里也没有讲经台，只有我们正坐着的方凳子。这时，传来了信众们齐声高唱"真主至大"的唱经声。

见面会由一名来自苏丹的阿拉伯留学生主持，当时他正在芝加哥读书。主持人宣布会议开始，说道："神圣《古兰经》！"这时，有一个人跨步向前，开始背诵《古兰经》的第一章。当他背到最后一个字时，全屋子的人口诵"阿敏！"大声附和。

接着，主持人把我介绍给众人，并邀请我做演讲。演讲提纲是我和沃利斯·乌丁前一天夜里商定的，目的是帮他推出必要的改革措施。我在演讲的时候会这样说：伊利亚·穆罕默德是一位穆斯林伊玛目，他还没有传授完伊斯兰的全部教义，就去世了。传经任务将由他的儿子，也就是他的继任者沃利斯·乌丁·穆罕默德继续完成。我的演讲从问候众人开始，他们一起高声回应。我接下来说："亲爱的美国穆斯林们，我们是来自东方的穆斯林。我们远渡重洋来到这里，以兄弟般的情义向你们张开双臂，你们的血和我们的血一样神圣不可侵犯，你们的灵魂和荣誉也同样如此。以真主的名义，无论何时你们需要我们的帮助，你们都会发现我们就在你们身边。"

说到这里，整个清真寺突然爆发出"真主至大"的呼喊声，沃利斯·乌丁跑到我坐的位置，想吻我的手，但我急忙把手抽了回来，于是他扑到我的怀里，抽泣不止。我只好搂住他，因为他离麦克风很近，所有在场的穆斯林信众都可以听见他的哭声，他们不停地高喊"真主至大"。眼前的情景让我格外高兴，然而我很快就发现，事情并非如我想象。会众们之所以高喊"真主至大"，是因为沃利斯·乌丁之前跟他们说过一件事，现在看来他预言成真。我的演讲把事情变得更糟，因为伊利亚·穆罕默德告诉他的追随者，真主会从东方为美国的穆斯林派来一名使者，所以我演讲的时候，他们竟然把我当作了那名预言中的使者！

接着，沃利斯·乌丁邀请我站到他身边，一边对他的会众们说："兄弟姐妹们，我们的伊斯兰教还不是完全的伊斯兰教，完全的、真正的伊斯兰就是这位谢赫！"他举起我的手，接着又说："我的父亲并不是真主的使者，他只是一位穆斯林伊玛目。

至于法尔德·穆罕默德，他只不过是一名巴基斯坦人，谢赫原本要当着你们所有人的面给他打电话的。”我觉得沃利斯·乌丁的话有些莫名其妙，因为我根本不认识这个法尔德·穆罕默德。

沃利斯·乌丁接着说：“我的兄弟姐妹们，跟随我，更新你们的伊斯兰信条，回归伊斯兰教的正宗！现在让我们一起重复自己的信条：我证明，除了真主再无别的神，穆罕默德·本·阿卜杜拉·阿卜杜勒-穆塔利布，一位出生在阿拉伯的阿拉伯人，是真主的使者。”“伊斯兰国家”的信众们跟着沃利斯·乌丁背诵《古兰经》完毕，清真寺里随即响起持续不断的“真主至高无上”的口号声。沃利斯·乌丁不得不示意众人停下来，听他把话说完。

沃利斯·乌丁接下来说：“现在，让我们到外面的院子里行晚礼，会的人和我们一起做，不会的可以学着我们的样子做，也可以在一边观看。”

明确了朝向之后[1]，会众们列队站好，准备行晚礼。伊兹丁·易卜拉辛博士催促我做领拜人，但我却希望他领拜，他对我说：“我做不了，白肤金发，在他们眼里就是个魔鬼。”

我说：“今天是新的一天，一切都改变了。”

由伊兹丁·易卜拉辛博士担任伊玛目（领拜人）的晚礼正在进行当中，他唱诵《古兰经》的洪亮嗓音在扩音器的作用下，如雷鸣般震耳，清真寺周围街道上人们被深深地吸引。那一天出现了这样的景象：在芝加哥的主街上，人们爬上清真寺的院墙，观看穆斯林们做礼拜。

1976年5月5日，我们离开芝加哥的前一天晚上，我听见酒店

1　穆斯林祷告古时面对耶路撒冷，现代面对麦加圣寺的卡巴天房的方向，祷告时信徒和领拜人必须面对相同的方向。

套房门外人声嘈杂，声音越来越大。我走过去想看个究竟，站在门口的比拉勒·阿吉卜告诉我有两个人想见我，其中一个还带着枪。比拉勒·阿吉卜是位高个子的年轻人，是“伊斯兰国家”为我派来的护卫。我告诉阿吉卜让他们进来。

来人当中的一位告诉我：“我们是吉姆·琼斯派来的。吉姆·琼斯是“人民圣殿教”[1]的创始人和领袖，因1974年建立地球上的社会主义伊甸园——琼斯镇——而出名。吉姆·琼斯避开了媒体，因为媒体会带来麻烦。他说他所做的可以看作是某种形式的伊斯兰教，所以他想请您过去，帮助他走上伊斯兰教的正轨。”

我回答来人说：“我是沃利斯·乌丁·穆罕默德的客人，所以，如果他答应你的要求，我会过问此事。”

两年之后，在1978年的11月，美国众议员里奥·瑞恩带领一个真相调查组来到圭那亚琼斯镇，调查吉姆·琼斯践踏人权的指控。结果里奥·瑞恩和他的几名随从在琼斯镇机场，遭吉姆·琼斯的“红色旅”枪杀。惨案发生后，吉姆·琼斯随即说服超过九百多名的信众服氰化物自尽，其中包括他们的孩子，造成美国历史上最大的群体自杀事件。至今我还在想，如果当初我去看望这位处于错乱不安之中的吉姆·琼斯，也许会对他有所帮助。

穆斯林兄弟

1976年5月6日，我们离开芝加哥前往旧金山，我很荣幸地被旧金山市长授予这座城市的钥匙。之后我们参观了加利福尼亚大

1　人民圣殿教：1953年由吉姆·琼斯在美国印第安纳州印第安纳波利斯市创立。在1978年11月18日，九百多信众在南美洲圭亚那琼斯镇发生的集体自杀及谋杀事件中死去。

学，并在那里过夜。第二天，我们从旧金山前往佛罗里达州东北部的港口城市杰克逊维尔。

在前往杰克逊维尔的途中，应田纳西州州长的邀请，我们在首府那什维尔停留，并在州长府上吃午饭。我们在餐桌旁坐下，旁边有一个小姑娘在弹竖琴，一名黑人男子从我身后把餐盘放到我面前的时候，用穆斯林的方式轻声问候我："愿真主的安宁、仁慈和佑护与您同在。"

这名黑人男子让我很好奇，我注视着他在房间里忙前忙后，以至于忽略了招待我们的主人。州长先生有所觉察，便对我说："我发现您对这位男仆很感兴趣，有什么事情吗？"

"没有。"我回答。

州长接着说："再过几天他的服刑期就满了，他因为酒吧杀人被判15年监禁。前一段时间，按照我们这个州的规矩，我让监狱给我派一名男仆，他们说这个人表现不错。现在他已经在我这里做了六个月了。监狱的车早上把他送来，晚上接他回去。在我这里的这段时间，他从未有过违纪行为，说话总是低声细语，钱和珠宝之类的东西从不多看一眼，更不会碰它们。您知道这是为什么吗？因为他是监狱里的穆斯林领袖！"

"作为一个穆斯林，他应该如此。"我回答说。

在州长宅邸的前门，客人们站成一排准备和我告别，这时，那位仆人要跑过去帮我开车门。我抓住他的胳膊，拉住了他。我第一个和他握手告别，然后才是那几位贵客。我的举动似乎让州长不太高兴。在去机场的车上，我坐在州长旁边，他不以为然地对我说："您把贵客晾在一边，对仆人却挺上心。"

"他是我的穆斯林兄弟。"我这样回答。

“您是酋长，他只是个仆人。”州长又说。

我说：“伊斯兰教使我们平等。”

州长接着说：“那您就给我讲讲伊斯兰教。”

我回答州长说：“最适合做这件事的人就是您家的犯人男仆。”

我们从纳什维尔到了杰克逊维尔。在杰克逊维尔，我们下榻于我的朋友梅森家里，他在美国和其他国家拥有好几家石油公司。是他派他的私人飞机把我和随行人员从沙迦送到多哈，然后是伦敦，接下来是我们到访的几个美国城市，最后还要送我们回沙迦。梅森家的房子很漂亮，可以俯瞰从房前流过的一条大河。

1976年5月8日，我们前往纽约。第二天我们会见正在竞选美国总统的大卫·洛克菲勒。5月10日我与联合酋长国驻华盛顿大使赛义德·古巴什先生见面，在场的还有其他几个阿拉伯国家的驻美大使。同一天，我还会晤了美国负责近东和南亚事务的助理、国务卿，艾尔弗雷德·阿塞顿先生，以及阿拉伯—黎巴嫩裔参议员詹姆斯·阿布·里兹克。此外我会见了一位朋友。次日，我们从华盛顿飞往比利时，在那里停留一夜后，于1976年5月12日前往开罗。

贾瓦赫

5月14日，星期五，我在开罗见到了堂兄的女儿贾瓦赫·宾特·苏尔坦·卡西米，她当时在开罗大学艺术系读书。我向她求婚，但她让我跟他父亲讲。于是，1976年5月16日，我离开开罗返回沙迦，第二天我就向贾瓦赫的父亲求亲，请求他把女儿嫁给我，他答应了这门婚事。1976年7月22日，我和贾瓦赫·宾特·苏尔坦·卡西米在伦敦完婚。婚后我们育有三女一子，三个女儿是布都尔、努尔和霍尔，还有儿子哈立德。贾瓦赫一直是我的帮手和贤良伴侣，我们患难与共，至今如此。

第七章

总统辞职风波

1976年5月16日，我从埃及飞回沙迦。在沙迦机场一下飞机，我就被欢迎的人群包围，他们告诉我一个好消息，各酋长国军队已合并为统一的联合酋长国武装力量，这正是我之前呼吁的事情。1976年5月6日，我还在美国的时候，最高国防委员会宣布了合并决定，全国的武装力量团结在一位司令官和一面旗帜之下。

那一天，谢赫扎耶德·本·苏尔坦·阿勒纳哈扬总统殿下主持了最高国防委员会会议。会后委员会发表声明说，这一决定是巩固联邦团结、强化国家安全与稳定的一项重要措施，目的是为了实现人民的愿望和理想。根据最高国防委员会的决定，联合酋长国的陆、海、空三军将由统一的武装力量总司令部指挥。

最高国防委员会的声明还明确武装力量总参谋部下辖若干军区。即，西部军区、中部军区、北部军区以及“雅穆克旅”，沙迦和乌姆盖万境内的联邦武装力量都属于“雅穆克旅”。声明还公布了空军、海军指挥机构和主要训练机构的名称。

此外，声明还明确了武装力量的领导权和责任：联邦总统为陆海空三军最高司令官，总统不在时，由副总统代行最高司令官职务；武装力量副总司令和国防部长共同直接向联邦总统负责，职责涉及管理部队和物资装备，指挥作战行动，保卫国家和维护领土、领空、领海完整和不受外来侵犯；以及保持国家的安全、稳定和统一。

谢赫扎耶德·本·苏尔坦·阿勒纳哈扬殿下，联邦总统兼最高国防委员会主席，就武装力量总参谋长的权限签署命令，明确总参谋长作为联邦总统军事顾问的职权。

根据这项法令，总参谋长执行最高国防委员会的决定，发布最高国防委员会的命令和指示；制定武器装备采购计划，为武装力量的发展提供保障，并据此提出相关的财政需求，然后上报国防部长决定；采取必要措施，保证武装力量组织和训练的有效性，使其具备保卫国家的能力；保持武装力量的战备状态，将其防御能力提高到最高水准；针对武装力量不同部门的领导岗位，培训各级军官和士兵，代表国家出席阿拉伯国家联盟的会议，或对外军事交流。

阿布扎比王储谢赫哈利法·本·扎耶德殿下被任命为武装力量副总司令。在一次最高国防委员会会议后，谢赫扎耶德·本·苏尔坦·阿勒纳哈扬殿下签署了这项任命。谢赫哈利法被赋予执行最高国防委员会决定的权力，包括武装力量的组织、战备，以及武器装备的配备。

谢赫扎耶德·本·苏尔坦·阿勒纳哈扬总统殿下在一项声明中提到，最高国防委员会统合全国武装力量，迈出了历史性的一步。总统殿下就这一历史性事件发表了重要讲话，主要内容摘录如下：

因为我们的耐心和坚持，也由于联邦最高委员会成员，诸位酋长殿下的鼎力相助，在这一历史时刻，我们终于实现了我们一直以来不懈追求的梦想。我们将不遗余力地巩固联邦团结，促进国家的进步与稳定。我们始终不变的愿望就是建立一个将我们凝聚为一体的联邦，强化我们的血缘和睦邻的纽带，增进人民福祉，让我们的民众梦想成真。在联邦成立后的五年里，在真主的佑护下，我们获得了必要的经验，学会了、吸取了可贵的教训，使我们能够修正前行的方向。对于任何一个国家和民族，军事建设都是备受重视、关乎生死的大事，这也是为什么合并联合酋长国各武装力量显得如此重要，迫在眉睫。

联邦最高委员会的委员，诸位酋长殿下，他们深明大义，责无旁贷，为国分忧。只要有利于国家的强大与进步，对于前进道路上的每一次变革，他们都张开双臂欢迎，全力支持联邦的统一与团结。这是一项伟大的成就，是我们成绩簿上重重的一笔，对于这个可爱的国家的人民而言，也是如此。

我们将百倍努力、坚持不懈，全力支持政府各部门的工作。当然，作为领导者，这是我们的责任。在这一过程中，我们同时还要向我们的阿拉伯兄弟和其他友好国家学习，学习他们的经验和成就。我们不仅要学习兄弟国家好的榜样，还必须避免它们的错误和失败。我们必须沿着正确的道路大步向前，在所有领域创造佳绩。

关于先前警察部队的合并，总统殿下还说：

警察部队是这个国家安全与稳定的基石，我之前已经成功地合并了各酋长国的警察部队。今天，我们在保卫国家和强化安全方面又有新的成就，那就是，我们的国家有了统一的军队。警察和军队是国家的两只手臂，缺少了一只，另一只也会软弱无力；如果双臂健全、强壮，而且行动一致，那么民众就会感到他们的生命、尊严和财产都得到了有效保护。

以前，我们在各个领域依赖的是众人的经验，但是我们深知教育对于我们的孩子的重要性，因为我们迫切需要受过教育的下一代。尽管联邦成立的时间不长，但在很多政府部门，我们的人力资源配置已经达到了所能达到的最佳水平。我们的下一代在报效国家上表现出的执着与忠诚堪称典范。

总统殿下在结束演讲前说：“诸位酋长殿下，联邦最高委员会各位委员，他们克服了重重困难，他们对目标和理想的执着、他们勇于承担的精神令人敬佩。他们将以坚定的决心继续努力，让全体人民的希望与梦想成为现实。”

对于统一全国军队的这一历史性决定，各方面的反应出人意料地正面，所有的官方机构以及普通民众都为这一决定感到欢欣鼓舞，认为它是保证联邦团结的一项创举。

统一是国家生存的要求

1976年5月27日，《伊斯兰灯塔》月刊刊登了对我的采访内容。谈及近来发生的戏剧性变化，我说：

> 统一是每个人的目标，小国在国际上难有地位。我们正在努力加强联邦的统一，我们宣传统一的价值和信念，鼓励民众抵制对立和分裂。现有的酋长国必须合并成一个统一的国家，我们才能服务于全体大众的利益，而不仅仅是特定个人的利益。
>
> 以沙迦为例，作为联合酋长国的一员，沙迦与联邦保持多方面的联系和互动，其重要作用有目共睹。在国家制度和公共事务层面，我们都是联邦内部活跃的一员，我们的多数地方部门已经合并到联邦机构，这只是沙迦对联邦所做贡献的一部分。

在采访中，《伊斯兰灯塔》的记者问及如何在石油收益以及伊斯兰传统和伦理之间保持平衡，我回答说：“石油财富使用得当，会成为改善民生福祉的手段。我们的伊斯兰伦理和道德标准不会消散，也不会离我们而去，尤其是我们让伊斯兰传统伴随我们孩子的成长，并且始终致力于保存这一传统时。所以，石油可以用来为我们的传统服务，并有助于我们在保持传统方面取得喜人的成果。”

关于联合酋长国发展对外关系的问题，我表达了这样的观点：“联合酋长国是这样的国家，他对朋友忠诚而且慷慨，对别的国家也会如此。我们的对外关系已经达到一个令人称赞的水平。”

关于保护我们的年轻一代免受无神论思潮的影响，我说：“如果他们的头脑里有知识，而且勤于思考，那么就没有什么邪恶的思想能够征服我们年轻一代的心智。在阿拉伯和伊斯兰世界，受神的启示，我们是有原则的人，有信仰、有信念，在我们的信仰和信念面前，所有人为的教条都是软弱无力的。”

在采访中，我还谈到“达瓦”（伊斯兰宣教活动）的重要性，呼吁给予足够的重视。关于这一点，我说：“要达到宣教的目的，必须具备三个要素：有能力和有相关经验的人，他们真心愿意为伊斯兰教的达瓦付出努力；大众媒体的合理使用，使之为达瓦服务；精神灌输，为了达瓦，从幼儿园和小学开始就要把集体主义和忠诚的精神灌输给我们的孩子。”

阿拉伯联合酋长国宪法

1971年6月18日，除哈伊马角以外的六个酋长国共同签署了《联合酋长国临时宪法》。哈伊马角酋长谢赫萨克尔·本·穆罕默德·卡西米当时没有签字，因为他相信他的酋长国可以在更优惠的条件下加入联邦。这也是临时宪法增加152条款的原因，该条款的内容是：“本宪法的生效日期将由酋长们共同签署的一项声明做出规定，签署此项声明的酋长专指本临时宪法的签署人。”此处提到的声明于1971年12月2日在迪拜发布。哈伊马角最终于1972年2月10日加入联邦，成为联合酋长国的一员，这同时也意味着它对临时宪法的间接承认。

1976年2月21日，联邦最高委员会召开会议，审议建国委员会的报告，该委员会正在负责起草联合酋长国的永久宪法。最高委员会要求建国委员会完成最后的修订工作，并于1976年3月9日提交宪法文本。最高委员会还要求联邦国民议会召开特别会议，对永久宪法进行讨论。

1976年3月，最高委员会会议同意了建国委员会所做的修改，这意味着永久宪法草案可以提交联邦国民议会讨论。在国民议会讨论宪法草案的特别会议上，部分代表建议增加若干条款，其中有两项格外引人注目：赋予联邦国民议会立法权，联邦政府对各酋长国的全部事务有决定权。也有一些委员开始向公众传递错误信息，声称有几位酋长为新草案的通过设置障碍，对国民议会的新增条款不屑一顾。

鉴于这种情形，我不得不对谣言做出回应。1976年4月16日，我对新闻媒体发表讲话：

> 统一是我们的命运，也是我们的真诚愿望。没有人反对联邦机构的合并和巩固。关于部分酋长在某些联邦问题上的立场的传言，只是一种臆测，这几位酋长的初衷实际上是希望我们前进的道路更加通畅、清晰，免受不利因素的干扰。因此，他们不是所谓的障碍，也不是如有些人所称的反对力量。相反，他们代表了最高委员会成员的真诚

意愿，这个意愿就是所有的决定都应该完善稳妥，都应该是深思熟虑的结果。新起草的永久宪法将有利于巩固联邦基础，消除前一阶段的不利因素。

1976年7月12日，联邦最高委员会开会讨论永久宪法，从三个主要选项中做出选择。第一，同意建国委员会提交的永久宪法草案，反对联邦国民议会的修正案，然而这样做会导致民众与酋长对立的不良后果。第二，同意建国委员会提交的永久宪法草案，同时也采纳联邦国民议会的修改建议，但是这将全面干扰，如果不是完全瘫痪，国家的正常运转，尤其是考虑到地方部门与联邦机构并存的情况，以及考虑到联邦国家机构尚无能力有效运行的现实。第三，延长临时宪法的过渡期。

联邦最高委员会一致同意第三项，并且颁布了法令："今天，1976年7月12日，联邦最高委员会决定延长联合酋长国临时宪法过渡期，延长期为五年，从1976年12月2日算起。"

辞职风波

1976年8月初，有消息说谢赫扎耶德殿下将辞去总统职务。1976年7月31日，巴林的《海湾新闻》主编曾采访了谢赫扎耶德殿下，之后，这份报纸便刊登了总统即将辞职的消息。谢赫扎耶德发表了一份声明，其中提到他不会在始于1976年12月的下一个五年任期续任联合酋长国总统。报纸报道说，这是7月12日（星期一）联邦最高委员会会议做出的决定；会议还决定将联邦临时宪法延长至下一个总统任期期满。所有人都对谢赫扎耶德的决定感到意外，包括国家高级官员和我们这些最高委员会成员。

如果说联邦最高委员会1976年7月12日的会议接受谢赫扎耶德不再续任下一个五年任期的决定，这种说法显然是不真实的。这次会议没有任何有关殿下离任的内容。《海湾新闻》本应这样报道：谢赫扎耶德本人在联邦最高委员会做出决定，将他的离任与临时宪法延期联系起来。

谢赫扎耶德的那份声明的本意是，他离任的决定是基于数位最高委员会成员对永久宪法草案的反对，因为他本人为草案付出了巨大的努力，如果草案得以通过，谢赫扎耶德将被完全授权，从而可以全面履行总统职责。

那段时间，最高委员会成员彼此之间频繁沟通，试图阻止这场政治危机。然而在1976年8月4日，星期三，《联合报》头版报道说："扎耶德坚持辞职。消息人士证实，联邦总统不会在目前的状况下继续任职。"

第二天，也就是1976年8月5日，星期四。谢赫扎耶德总统殿下出现在阿布扎比机场，准备飞往索马里进行为期一周的特别访问。然后他将前往斯里兰卡，参加将于1976年8月16日召开的不结盟国家会议。谢赫扎耶德此次访问索马里并非计划中的安排。他在这一特殊时刻决定出访索马里，就是要让我们没有机会与他会面，劝说他放弃辞职的决定。这样，我们这些最高委员会成员也许会意识到，匆忙决定延长临时宪法过渡期是一个错误，因为过渡期还有四个月的时间。

谢赫扎耶德在国外三十四天，我感觉就像过了一年。整个联合酋长国就像一片荒地，民众们迫切地盼望他回国。

1976年9月9日，星期四。从全国各地赶来的成千上万的民众在阿布扎比机场举行公众集会，欢迎谢赫扎耶德总统殿下回国。他们高举标语牌，上面写着：

> 欢迎回家，扎耶德！
>
> 我们和你在一起！
>
> 我们不会放弃领导我们前进的领袖！
>
> 扎耶德总统，你是我们和所有阿拉伯人力量的源泉！
>
> 我们不要别人，只要扎耶德！
>
> 扎耶德，我们支持你！你是我们幸福生活的使者！
>
> 不！不！不许辞职！
>
> 酋长们，团结就是力量！
>
> 我们用生命捍卫你！

在群情激动的热烈气氛中，《联合报》的一名记者问我对此有何感想，我对他说：

> 联合酋长国的人民一致同意，现在和将来扎耶德都应该担任总统，领导我们走向统一的联邦。我衷心希望总统收回辞呈，在当前这个关键时期，我们不需要其他任何人，我们只希望他不会离开我们。全体联合酋长国民众希望扎耶德在下一个总统任期继续领导我们前进，在未来的更多任期也是如此，愿真主保佑我们！我们愿意跟随他，全力支持他；我们祈求真主赐予他成功，愿

真主护佑他建立统一国家的全部努力，成就他为国家为民众谋福祉的伟业。

谢赫扎耶德殿下一下飞机，机场内外的四面八方同时爆发出整齐一致的呼喊声“扎耶德！扎耶德！扎耶德！……”谢赫扎耶德殿下上了车，汽车驶离人群前往布坦宫，后面跟着长长的车队。我们的车到布坦宫的时候，人群已经聚集在四周，口号声从不同的方向传来。这时，谢赫扎耶德下令打开布坦宫的大门，让大家进来。人群蜂拥而入，所有人都希望拥抱扎耶德。

第二天，也就是1976年9月9日。这天晚上总统殿下的迪万[1]发表声明，表达总统本人对民众的感谢，感谢他们对总统的爱戴和忠诚。声明说：

我们非常荣幸地向我们的人民表达最诚挚的感谢之情，感谢人民昨天在总统殿下归国时对他表达的爱戴和忠诚。总统殿下已经阅读了民众给他的信件和电报，并且已经从国内和其他阿拉伯报纸注意到这个国家的担心与愿望。

当前的事态表明，我们的人民有着正确的世界观和高度的觉悟，他们渴望维护国家的统一和国民的团结。

总统殿下非常愿意在此表明他的态度，他将忠实于爱戴和支持他的人民，是人民用信任支撑着总统殿下的信念。因为人民信任总统殿下，所以他们才认同他为这

1　相当于总统办公厅。

个年轻国家的建立，以及为巩固国家地位和国家认同所付出的牺牲和努力。这个国家的伟大人民展现了对国家统一和团结的强烈愿望，以及克服前进路上所有障碍的不可动摇的决心。

总统殿下在这里愿意最真诚地感谢人民对他温暖而真挚的情意，感谢他们的坚定信念，这个信念就是奋勇前行，以不懈的努力追求卓越，为全体国民开创幸福的未来。

在这个如有神明相助的月份里，我们祈求真主为我们指引正确的道路，我们祈求万能的真主让扎耶德殿下愿望成真，他的愿望就是国家的进步与昌盛。

让我们一起说："按你的意愿去做吧，因为真主安拉会看到，他的使者和信徒也会看到。"［《古兰经》］

1976年9月18日，星期天。这天上午我在阿布扎比拜会了谢赫扎耶德总统殿下，目的是说服他放弃辞职的决定。我们会面的时候，外交部长艾哈迈德·本·哈利法·苏韦迪阁下也在场。

次日，在迪拜，我又会见了副总统谢赫拉希德·本·赛义德·马克图姆殿下，与他商讨劝说谢赫扎耶德殿下留任总统之事。

1976年9月20日，星期一。副总统谢赫拉希德·本·赛义德·马克图姆殿下这一天来到沙迦，告诉我他将去阿布扎比面见谢赫扎耶德总统，向他转达酋长们的坚持和共识，恳请他留任总统，继续领导国家。两天后，谢赫拉希德·本·赛义德·马克图姆殿下与总统见面，两人同意将问题交由联邦最高委员会讨论。

责任感与谅解精神

1976年11月6日，星期六。联邦最高委员会会议在这一天召开。由于之前召开过数次预备会议与和吹风会，这次会议的气氛被责任感和谅解精神所主导，首要目的是维持联邦的存在，以及认清下一重要阶段的实质和相关任务，从而确保国家的安全稳定和人民的福祉。

最高委员会会议审议了谢赫扎耶德总统殿下关于下一阶段总体要求的报告，同意做出以下决定：

第一，颁布一项宪法修正案，废除联合酋长国临时宪法第142条款，从而明确只有国家有权组建陆海空武装力量。

第二，公布一项决定，赋予总统通过联邦机构全面监管国家的权力，包括移民、定居权、国家法律与秩序的维护，以及监控海岸线、边境关卡、机场、港口，防止非法入境，确保国家领土完整。

第三，颁布一项联邦法律，成立由国家总统直接领导的国家安全部，从而将各酋长国的情报部门以及与情报有关的地方机构，合并到国家安全部。

第四，该项决定和信息与文化部的管理权有关。根据决定要求，信息与文化部全权监管和政治指导联合酋长国的广播和电视节目，负责政治和新闻素材的审查，并在播出前检查与国家内外政策有关的新闻广播、政治类电视节目及评论。另外，对于国内同一频率上不同广播频道播报的新闻，信息与文化部有权保持新闻内容的一致。决定还要求，联合酋长国所有电台和电视台播出的节目都必须强调国家团结，必须按照信息与文化部的规定，节目中若提到酋长国的国名，每次都必须先播报联合酋长国的国名。

第五，所有酋长国都应该根据联邦预算计划，承担联邦年度预算的相应份额。1977年的预算计划将提交联邦最高委员会。将成立一个专门委员会，根据联邦各部和专门机构提交的需求情况，讨论1977年国家一般性预算的总体框架。该委员会由最高委员会成员、沙迦酋长谢赫苏尔坦·本·穆罕默德·卡西米殿下任主席。委员会成员包括：最高委员会成员、富查伊拉酋长谢赫哈马德·本·穆罕默德·沙尔基殿下；阿治曼王储谢赫哈米德·本·拉希德·纳伊米殿下；以及财政金融事务部长委员会成员。

第六，推迟讨论尚未解决的酋长国之间的内部边界问题，以便完成目前正在进行的谈判，并视最终解决问题的努力结果，再行商定。

此外，最高委员会还决定同意“沙特安全特派团”的建议，成立一个“民防总指挥部”，任务是保护民众和公私财产、协助救助灾民、确保交通通畅、保证公共设施正常运转，以及在战时保卫国家资产。同时，民防总指挥部还编入各酋长国的消防队，将成为联邦内务部的主要部门，并被要求在全国范围内执行任务。决定还说，将成立专门的民防培训机构，并为其提供必要的人力、物力和技术资源，以保证民防总指挥部和分支机构的工作效率和效益。

此次最高委员会会议还通过了下列议案和法令：成立国家审计迪万，建立救济制度和退役军人奖励制度，公布少年法全文，同意签署成立阿拉伯卫星通信组织的协定，同意在联合酋长国境内开展工业发展技术合作。

会议做出的最后一项重要决定是，1976年的11月27日，在下一次委员会会议上举行下届国家总统和副总统选举，任期始于同年12月2日。最高委员会向国人宣告，它憧憬一个繁荣美好的未来，一个联邦和它的人民在后续各阶段实现国家团结、进步和尊严的未来。最高委员会还宣告说，真主会引领全体人民实现国家的最美好的梦想。

1976年的11月27日，星期六。根据上次会议的决定，联邦最高最高委员会在这一天举行选举会议，谢赫扎耶德·本·苏尔坦·阿勒纳哈扬殿下当选联合酋长国总统，谢赫拉希德·本·赛义德·马克图姆当选国家副总统。

第八章

任职沙迦酋长的早期

我每天的日程安排都非常紧张，尤其是刚担任沙迦酋长的那段时间。那时候，星期六往往是最累的一天。每个星期六上午在沙迦政府总部都会有大马吉利斯[1]，这是我和沙迦各地人士会面的场合，他们当中有些是沙迦人，有些则不是。我在那里倾听他们的问题，并尽力予以解决。虽然对我个人而言这样的聚会很累人，但我却很喜欢，因为我可以借此机会接近我的人民。其他耗费精力而且频繁的活动是到东部地区巡视，包括迪芭、霍尔法坎、卡尔巴、扎伊德、穆旦，还有哈姆利亚。巡视对象是当地的政府部门和机构，目的是确保各项工作进展顺利。另外一项活动是走访沙迦政府工程项目的工地。

除此之外，我在那段时间还参与了一系列内容更为广泛的政治、文化和社会活动。下面的文字是对其中一部分活动的详细记述。

1 majlis，阿拉伯语意为“会所”，是阿联酋王室家族或社会名流家中的私人会所，此处指在“马吉利斯”举办的聚会或会议。

阿拉伯—非洲国家关系研讨会

1976年12月14日，星期二。我在沙迦的非洲礼堂宣布“阿拉伯—非洲关系研讨会”开幕。45名阿拉伯和非洲国家的学者参加了会议，主题是阿拉伯与非洲国家关系，以及促进国家间合作的最佳途径。会议于12月18日，星期日，闭幕。根据会议通过决议，决定成立“阿拉伯—非洲关系文献与数据采集中心”，总部设在沙迦。

会议推举我担任中心的名誉主席，这是会议期间提出的第一项建议。为继续就阿拉伯—非洲国家关系开展调查、研究，以及学术探讨，与会者还建议会议每年12月份定期召开。

会议还呼吁所有非洲和阿拉伯国家为双方经济合作制定新的战略，以确立永久性合作机制，并重新审议阿拉伯国家联盟和非洲共同体宪章、规则及规定，以促成双方在新形势下的高效互动。

会议还建议加大对学术、专业研究机构，以及大学的支持力度，进一步鼓励学术研究、交换留学生和文化交流。

这次会议还呼吁建立非洲—阿拉伯联合基金，援助和支持非洲和阿拉伯世界的民族解放运动。会议还强调了一条必须坚守的信念，即，要取得进步与发展就必须加倍努力地增强人权意识、促进人类平等。

沙迦宣言的上述内容包含了一系列重要原则，主要是阿拉伯和非洲人民共同拥有深厚的历史渊缘和文化传统，以及反抗强权压迫的共同的斗争经历。所以，显而易见而且无可否认的是，非洲和阿拉伯人民的未来息息相关、休戚与共。

至于我在其中的作用，我会将这些建议转达给阿拉伯国家的国王和总统们，他们当时正准备参加阿拉伯国家联盟峰会。

联合酋长国的第五个国庆日

1976年12月12日，星期天。这一天在阿布扎比举行了国庆五周年庆典，包括阅兵式和盛大的游园活动，总统和联邦最高委员会成员悉数到场。

国庆当天，总统发表讲话："我肩负国人的信任，深感责任重大，我们所有人都必须齐心协力，这样我们才能建设国家的未来，提高民族的地位，才能实现我们的梦想。"

谢赫扎耶德总统殿下就自己的再次当选，向最高委员会成员表示感谢，他说："诸位的信任对我而言是重大的责任，也是无比的荣幸。但是只有在真主的帮助下，在我的酋长兄弟们和民众的共同支持下，我才有力量肩负起这一重任。"

也门总统易卜拉辛·哈姆迪访问沙迦

1976年12月19日，星期天。阿拉伯也门共和国总统、武装部队指挥委员会主席易卜拉辛·哈姆迪[1]上午抵达沙迦，进行为期一天的访问。之后，他将于星期一凌晨，也就是12月20日凌晨前往北京访问。

我和易卜拉辛·哈姆迪总统举行了会谈，并为他设午宴，沙迦高级官员和知名人士应邀出席。也门总统还在沙迦政府大楼会见了也门社区的代表，向他们通报了也门政府为国家进步和发展做出的种种努力。

1　1977年10月11日遇刺身亡，年仅34岁。死因成为历史悬案，历届也门政府从未开展正式的官方调查。

沙迦达瓦中心落成

1976年12月21日，星期二。沙迦达瓦中心落成典礼在这一天举行，美国“伊斯兰国家”教派领导人沃利斯·乌丁·穆罕默德出席了典礼。我年前在芝加哥和他会面时做出一个决定，将推出《古兰经》的英文版并复制成录音带，使美国和其他英语国家的人能够获得《古兰经》及其正确解释。随后我组织成立了由伊兹丁·易卜拉辛博士领导的委员会专门负责此事，委员会成员包括沙迦电台台长赛义德·伊马拉，沙迦电台播音员萨阿德·加扎勒和马哈茂德·谢里夫，还有叙利亚人穆罕默德·穆斯塔法·阿扎米博士。但考虑到翻译项目的目的，我们将《古兰经》英文版的题目确定为“光辉《古兰经》释义”，译者是穆罕默德·马默杜克·皮克索尔。穆罕默德·穆斯塔法·阿扎米博士对皮克索尔的译文做了多处修改之后，阿拉伯语《古兰经》在希腊完成录音，英语录音则在伦敦制作，接着又在沙迦完成了双语版的合成。1977年9月初录音带开始分发，我们都感到非常满意。

访问沙迦学校

我一直坚信教育是重中之重，必须放在首要位置。我也一直努力把这一信念落实到从小学到大学的教育中。在我担任沙迦酋长的初期，我一直密切关注沙迦的学校建设和教育，作为我的工作的一部分，我时常会走访沙迦的各所学校。1976年，从12月25日起，我专门安排时间视察了沙迦的多所学校。视察的首日是星期天，我视察了乌鲁巴男子中学和法蒂玛·扎赫拉女子中学。第二天，我又视察了几所初级中学，其中包括阿里·本·阿比·塔里布学校。陪同我视察的是教育部长阿卜杜拉·本·伊姆兰·本·塔里亚姆阁下。

在和学生见面的时候，我与他们开诚布公地交谈，回答他们的提问，一起讨论他们提出的问题。通过和学生们的几次会面，我发现他们迫切地想知道联合酋长国面临的关键和重大问题的实质到底是什么。

我们讨论的话题各种各样，在谈到联邦时，我对学生们说：

> 毫无疑问，我们的联邦在前进道路上遇到了许多挑战，这是因为老规矩与新现实之间存在矛盾。所以，头两年尤其困难，每个酋长国都继续按老规矩办事，而这些却都是需要革除的旧习。然而，联邦政府的施政却顺其自然、按部就班，天长日久，规则、规定之间的矛盾就会显现出来，在一定程度上会阻碍我们的前进。但我们每一个人都应该承认，成立联邦无疑是正确的行动，所以我们一定会克服障碍，奋力向前。
>
> 我们都知道，早期出现的问题和矛盾并不可怕，因为它们不难对付，在事情变得不可收拾之前，我们总能找到充分的解决办法。举例来说，皮肤表面的疾患，早期治疗更快更有效，而不是等它恶化到需要截肢。对殖民地和占领时期积累起来的问题做早期解决，会使我们的进步更容易。

关于年轻人的作用，我对学生们说：“你们应当帮助宣传统一的思想，走到哪里就宣传到哪里。但是我们不认为建立联邦是年轻人的最终目标，事实上，联邦的建立只是实现全面统一的起点。

统一有着岩石般坚硬的基础，作为年轻人，你们首先应该全面理解统一的思想内涵，然后再去认识统一之所以重要的原因。”

我还谈到了与妇女地位和国民议会妇女代表权有关的问题：

> 在我们国家，妇女地位低下，她们要求平等的权利。我们不仅不反对她们这样做，相反，我们鼓励并支持她们的要求。如果一名女性的品格已经已经具备了牢固的阿拉伯和穆斯林基础，那么她就应该被赋予她所要求的各种权利。全世界的所有国家都已经习惯与接受这样的事实：权利来自争取，而不是给予。
>
> 关于妇女在国民议会的代表权问题。一个无法否认的事实是，我们的社会有着一些根深蒂固的习惯和传统，对于这些习惯和传统我们不得不慎而又慎。在欧洲国家自身，妇女代表权依然十分有限，妇女代表的人数用两只手就能数过来。所以，我们并不是例外。但是，妇女还有许多其他方法可以用来实现她们所希望的目标，克服现阶段的障碍之后，她们可以接着克服下一阶段的障碍。我们的宗教坚定地支持妇女获取她们全部的合法权利。

在和学生的谈话中我还表达了对新一届联邦内阁的乐观态度：“在将来的数年里，当旧的障碍被克服，我们的进步将获得新的驱动力。在下一个内阁任期结束的时候，当检视我们国家发展和建设成就，我们必将问心无愧地说，我们尽到了职责。我们不会抱怨上届内阁的任何过失，因为现有的不足也可能源于目前的现状与新出台的联邦法律之间的矛盾。”

关于公民的觉悟问题，我说：“我希望我们的年轻一代更有知识、有信仰、更热爱他们的国家。我们希望培养出的年轻人能够肩负起领导联邦的责任，把国家领入一个更高的进步和发展阶段。为了实现这一目标，年轻人必须把自己的学识提高到更新的高度，使自己符合现代化时代的现实要求。”

谈到大学生的学习时，我说：“非常高兴看到我们国家的年轻女孩子们高举求知的大旗，进入大学接受高等教育。那些在国外各类大学留学的男生们，他们必须以最佳表现代表国家的形象，还要培塑个人品格，言行举止要像这个国家的真正的男子汉。”

当时，新的预算计划已提交最高委员会，学生们问到预算和各酋长国的份额分摊问题时，我是这样回答的：

为推动国家的发展进程，联邦财政委员会目前正在努力寻求现有问题的解决方案。

虽然总体预算数量庞大，高达145亿迪拉姆，但财政支出总量也居高不下。财政委员会将本着公共利益最大化的原则控制支出水平。部分预算将用于对外援助，另一部分用于国内建设项目。

事实上，上一个预算中的计划建设项目只完成了40%至60%。可见，国家机构的能力提升还不能适应新阶段快速扩张的要求，这意味着新内阁将继续完成上一个预算中安排的建设项目。

我还提到：“目前，联邦政府有雇员两万一千名，明年还需要增加一万人。但是联邦雇员的录用不会沿用过去的方法，新方法的目的就是希望政府雇员勤奋工作，发挥创造力，最大限度地为国家贡献聪明才智。”

关于各酋长国如何分摊下一年度联邦预算的问题，我的回答是：“全体酋长国在预算份额问题上都应该以阿布扎比为榜样，阿布扎比为大家带了个好头，在过去五年里独自承担了全部的国家预算，现在又承诺将财政收入的50%贡献给下一个预算。不仅如此，联邦总统谢赫扎耶德·本·苏尔坦·阿勒纳哈扬殿下的个人贡献还不止这些。”

在视察学校的过程中我还谈到了持续讨论中的宪法问题，我说，这些问题不应该妨碍人民在联邦体制下实现更多建设成果的愿望，因为人民有着实现统一的强烈意愿。我还说：“制定永久宪法的努力失败时，我们延长临时宪法过渡期，这样我们就有时间解决那些突出问题。但是，如果仔细观察，我们不难发现临时宪法中的许多条款已经做了修改。作为富有激情和献身精神的一代，青年学生不应将延长临时宪法过渡期视为令人沮丧的一步，青年人要培养自己的远见，应该看到实现全面统一将对年轻人更为有利。”

关于尚未解决的边界争议问题，我解释说：“对于现阶段出现的一些小问题，我们不必感到害怕。我们及早应对这些问题，总比等问题恶化到不可收拾的地步要强。”我还说：“诸位酋长兄弟有能力解决他们之间的问题，有争议的边界只不过纵深几公里而已，这使我们更有信心解决问题。问题的最终解决不可回避，解决问题的唯一途径就是摆事实，讲道理。”

我继续向学生们解释说：“目前的边界争议是殖民政权的遗

留问题，他们的目的就是在他们撤离之后，用这些难题滞缓我们发展和前进的脚步，达到他们不可告人的目的。”我接着又说：“我们这一地区资源丰富，殖民政权深知其战略地位的重要，所以他们一直处心积虑地在国家层面上，甚至在整个阿拉伯世界，挑起诸位酋长之间的不和。与这一手法相反，我们看到印度的例子，殖民主义者并没有强迫印度施行分治，这是因为他们意识到印度的‘给予能力’不如阿拉伯国家。”

另外，在谈到新内阁时，我说：“联邦总理有权以自己认为适当的、符合成员能力的方式组成新内阁，而不是受限于成员过去的部长职位。所以，我非常希望新内阁的进展更加顺利，以积极进取的态度努力做好各项工作。”

在回应有关外籍专家人数增加的问题时，我说：

> 不错，外籍专家的人数近来有所增加，但是无论需要多少外籍专家，他们不会对国家构成任何威胁。一个特别重要的原因就是聘用外籍专家只是临时办法，重点工程完工，聘用期自动终止。到了那个时候，工作上不需要的外籍人士将离职。劳工部最近曾尝试招聘一批阿拉伯裔骨干工人和专家，但问题是，由于来自邻国的竞争，确保雇用阿拉伯裔劳工已经变得越来越困难。

关于国家资金浪费和一些高级官员牟取暴利的问题，我对学生们说：“下一阶段这些问题将会有根本性的转化。联邦各部将启用新的评价体系，所有国家雇员都必须对自己的行为负责，所有的不法行为都将被公开曝光。我们已经注意到有人利用国家资金非法获利，但在下一阶段，这一小撮违法者不会再像以前那样有作案的空间。”

其间还有问题涉及某些对巴勒斯坦人民的解放事业持有的负面态度的团体，作为回应，我对学生们说：

> 巴勒斯坦人民的解放事业是我们的斗争的核心问题，如果没有它，我们就不会联合起来，拧成一股绳反抗殖民主义。巴勒斯坦人民的解放事业可以看作是我们的集结点，它不仅和巴勒斯坦人民有关，更是全体阿拉伯人的事业。我们必须让所有人知道，我们愿意为这个事业牺牲自己的生命，这是我们的明确立场。以色列的野心已经跨越了巴勒斯坦的边界，还会继续向前推进，占领更广大的阿拉伯领土。正是因为这个原因，我们一直在考虑阿拉伯世界联合起来反抗殖民主义。

学生们的另一个问题是，是否有必要在全国各地修建那么多的机场、港口等类似的工程。我回应说：

> 我们这一地区目前正在经历快速的发展，与此同时，人口增加，大型商业和工业企业不断出现。这种局面要求我们在全国各地扩大建设规模，包括修建机场和港口。我们完全清楚，这些设施是国家发展的标志，是我们到目前为止取得的建设成果。此外还有一个不可忽视的事实：人们到我们这一地区旅游和在区域内旅行的意愿日渐增强，这必将导致阿布扎比、迪拜和沙迦的联系将更加密切，也

就意味着我们的关系会更加紧密。相应地，也就需要在国家层面协调各酋长国的努力方向。

扎赫拉女子中学的一名学生问我是否有可能建立全面的阿拉伯联盟，以及实现这一目标应具备什么条件。我回答说："就阿拉伯世界的现状而言，殖民势力费尽心机地将阿拉伯世界分化，瓦解成互相争斗的小的利益集团，虽然他们在其他地方没有这么做。究其原因，是因为我们的土地物产和资源丰富，有四条重要的海峡，具备成功的经济一体化所需要的全部要素。"我又接着说：

除了这些要素，我们还有进一步联合的基础，这个基础就是我们有共同的历史、共同的语言，还有共同的、深植于我们灵魂的宗教。这些因素本身难道不是实现全面统一的充分基础吗？

如果看一下欧洲各国，我们会发现他们已经开始作为一个整体联合行动，已经成功地变成一股联合的力量，活跃在国际事务中，尽管他们缺少我们在阿拉伯世界内部所具有的那些有利条件。然而，我们恰恰拥有他们缺少的有利条件，那就是我们有共同的宗教、语言和历史。

至于何时以及如何才能实现阿拉伯世界的联合，从全部的阿拉伯历史来看，我们目前所处的阶段是一个停滞的阶段，这也许是暴风雨来临前的平静。我们的愿望是，应该采取更加协调、更加积极的步骤，使我们能够像一个大家庭一样，共同努力，携手向前。

接着，我就如何实现阿拉伯世界的联合，谈了自己的观点：

> 以前人们的想法是，可以通过武力或者军事占领，或者双边关系谈判实现这种联合。然而在我看来，实现阿拉伯民众这一愿望的最佳途径是修改阿拉伯国家联盟宪章，并且从这一时刻起，该组织的努力方向是，实现工业和经济一体化，统一教育制度，以及建立统一的阿拉伯军队。

关于这个问题，我接着说："尽管殖民政权似乎已经用不同的、而且是不和谐的方式，赋予阿拉伯国家现有的形态——尤其在我们注意到英语和法语的影响的时候——但是这个问题并不难解决，我们可以给予每个阿拉伯国家某种形式的自主或自治，就像美国那样。"结束谈话前，我表达了自己的乐观态度："这种联盟将在我们年轻一代的手中成为现实，只要我们的年轻人能够不断在自己和他人的心目当中，培养和塑造联合的意识。"

谢赫穆罕默德·本·苏尔坦·卡西米去世

1977年到来了，它的到来伴随着一些令人心伤的事件。1977年2月5日，星期六。前任劳工部长，谢赫穆罕默德·本·苏尔坦·卡西米去世。2月7日，星期一，是出殡的日子。我走在出殡队伍的最前面，随后是哈伊马角酋长，谢赫萨克尔·本·穆罕默德·卡西米；阿治曼王储，谢赫哈米德·本·拉希德·纳伊米；乌姆盖万王储，谢赫拉希德·本·艾哈迈德·穆阿拉。接着是逝者的子嗣、兄弟和表兄弟，另外还有多位殿下、谢赫、阁下、部长、外交使团负责人，以及大批民众。

在葬礼上，除了宣读沙迦酋长迪万发布的讣告外，还宣读了联邦内阁的悼词。为了表示哀悼，内阁取消了当周的例行会议。

选举联邦国民议会发言人

1977年3月1日，星期二。塔里亚姆·本·伊姆兰当选联邦国民议会发言人。塔里亚姆一直是我最好的朋友，我们志同道合，在政治上都是行动主义者。我和他的友谊始于学童时代，一直到我们大学毕业。塔里亚姆1968年毕业于开罗大学社会学系，而我1971年毕业于这所大学的农学系。我们有三年时间各奔东西，那时候我在沙迦工业学校教书；他在沙迦社会事务部担任部长，当时，已故沙迦酋长谢赫哈立德·本·穆罕默德·卡西米即将上任。继创办沙迦的第一份周刊《日出》，塔里亚姆和他的弟弟阿卜杜拉又创办了沙迦的第一份日报《海湾报》。周刊和日报的创刊时间都是1968年。他是联合酋长国驻埃及首任大使，还担任过联合酋长国驻阿拉伯国家联盟的代表。

1975年在阿布扎比举行的“阿拉伯—欧洲对话大会”上，塔里亚姆表现活跃。谢赫扎耶德·本·苏尔坦·阿勒纳哈扬总统殿下和最高委员会成员参加了大会的开幕式。谢赫扎耶德总统还发表了演讲：

> 我们的口号就是团结和统一的呼声。我们为自己设立了目标，我们无比珍惜的目标，就是要建立一个超越本地区的阿拉伯联盟，这个联盟所包括的地区拥有相

同的历史、相同的理想，以及对未来的相同的愿景。我们反对所有形式的分裂，坚定支持阿拉伯家园每一片土地上的真正的团结和联盟。我们希望我们自身和他人都享有和平，我们为本地区和世界其他地区谋求安全与稳定；我们希望我们的人民和全世界的人民共享安宁的生活；我们祝愿我们的国家繁荣昌盛，我们的后代生活幸福，我们祝愿全人类同享太平盛世。

阿拉伯女童子军委员会会议

也是在1977年3月1日，星期二。我主持了阿拉伯女童子军委员会会议的开幕式，我在发言中宣布，国家将全力支持女童子军目标的实现。

联合酋长国“女童子军一队”成立于1973年，有500名队员，曾参加过在哈姆利亚举办的第一期童子军营活动。

童子军是一个综合性的教育运动，目的是全面培养公民良好的行为举止。所以沙迦女童子军总队从成立之日起，我一直在经济上资助它，在精神上鼓励它。

1975年，9名优秀的女童子军队员第一次走出国门，前往巴林参加由阿拉伯女童子军总部组织的训练课程。

同年，女童子军总队参加了在开罗举行的阿拉伯女童子军委员会会议。在这次会上，联合酋长国女童子军总队被接纳为会议成员。

1976年，女童子军总队参加了在突尼斯举办的第四届女童子军大会，被接纳为阿拉伯女童子军总部的成员。截至这次大会，女童子军总队已有1675名高级和初级队员。总队的队部办公楼是我捐赠的，这栋建筑以前是菲哈地区艾米瑞迪万的办公楼。

出访叙利亚和沙特阿拉伯

1977年3月18日，星期五。这天上午我动身前往叙利亚，开始为期四天的国事访问。访问期间，我会见了叙利亚总统哈菲兹·阿萨德，视察了位于库奈特拉省的叙以边境前线。另外我还到了一些工厂和图书馆。那年出访叙利亚之后，我对沙特阿拉伯进行了国事访问。

1977年5月17日，星期二。我抵达利雅得机场，对沙特阿拉伯进行为期一天的访问。此行的目的是为了祝贺沙特国王哈立德·本·阿卜杜勒-阿齐兹·沙特结束疾病治疗，平安回国。迎接我们的是利雅得省总督，沙特王子萨勒曼·本·阿卜杜勒-阿齐兹·素欧德殿下。

与国王哈立德·本·阿卜杜勒-阿齐兹·沙特会面时，法赫德·本·阿卜杜勒-阿齐兹王储殿下作陪。我向国王表达了联合酋长国总统和人民对沙特阿拉伯王国及其政府的感谢和良好祝愿。

第九章

国家预算

1976年11月6日，在联邦最高委员会会议上，财政事务部长委员会提交了1977年度国家预算计划。由于各酋长国提出的预算都非常庞大，因此有必要对预算内容进行重新审核。为此专门成立了一个委员会，根据联邦各部和有关机构提出的预算需求，该委员会负责讨论和决定1977年度的预算计划框架。联邦副总统谢赫拉希德·本·赛义德·马克图姆殿下，向谢赫扎耶德·本·苏尔坦·阿勒纳哈扬总统殿下建议，由我担任这个委员会的主席。除了财政事务部长委员会成员，委员会成员还还包括：富查伊拉酋长谢赫哈马德·本·穆罕默德·沙尔基殿下，阿治曼王储谢赫哈米德·本·拉希德·纳伊米殿下。尽管当时的工作日程安排极为繁忙，忙于上文中提到的会议和其他事务，我还是接受了担任委员会主席的提议。于是，我开始与各部以及相关机构频繁接触，讨论他们提出的预算计划，这样的工作每周都在进行，前后持续了四个月。这样做的目的不仅是为了确定所需资金的数量，也是为了改革国家的财政和管理体系。我此前对所有现行的政府管理体系都做过一番研究。

1977年5月7日，最高预算委员会向联邦最高委员会提交了1977年度预算方案，其中最重要的几点是：为上年度预算没有涵盖的四千个就业岗位提供预算资金；制造四千个必需的新就业岗位，将政府雇员的人数提高到三万四千人；实行包括激励和奖励工资的政府雇员新工资标准，使政府雇员的收入水平适应联合酋长国新的生活条件。根据最高预算委员会1977年5月最后一次会议建议的工资标准，政府雇员的基本工资增加40%，最小月增450迪拉姆，最大1500迪拉姆。1977财年国家总预算为110亿迪拉姆。

联邦国民议会和联邦最高委员会分别在1977年5月18日（星期二）和1977年6月9日（星期六），通过了1977年度国家预算。

在联邦国民议会的演讲：透明与问责

1977年6月21日，星期二。我在这一天面见谢赫扎耶德·本·苏尔坦·阿勒纳哈扬总统殿下，告诉他会面之后我将在联邦国民议会发表演讲。我还向总统说明了演讲的主要内容，他表示赞同。

我先向在座的国民议会代表表示问候，然后开始演讲：

亲爱的兄弟们，各位联邦国民议会代表，今天能在尊贵的国民议会演讲，我首先感谢你们的盛情邀请。

我一直盼望今天的见面机会，和你们，我亲爱的兄弟们见面；是你们的力量给了我信心和希望！在国民议会，我一直全心全意地保持与诸位的沟通与协商，因为我相信，开诚布公的协商让我们摈弃偏见与私利，是我们实现最终目标的必由之路。这才是民主的真正体现。

请允许我今天用一种最坦诚的说话方式，毫不掩饰地将事实一一呈现，以便诸位用正确的思维看待和处理它们。同样的道理，在座的所有代表，因为民众把国家大事托付给你们，你们就有必要清楚所有这些问题。以我们的传统的名义，也以民众和阿拉伯民族的名义，我要求大家不要在真主面前辜负了这一重托。

统一是正确的前进方向，我们的国家，阿拉伯联合酋长国，对此深信不疑。尽管遇到了种种困难，我们的国家已经在发展和进步的道路上取得了长足进步，全世界有目共睹。

过去，我们囿于分裂的藩篱，深陷持续不断的争斗，仇恨在我们当中蔓延，很多年以来，我们隔绝于阿拉伯世界。但是，由于你们真诚的努力、善良的愿望，以及坚定的决心，我们的统一的意志终于赢来了胜利！今天，障碍不复存在，新的国家已经在我们手中诞生！

阿拉伯联合酋长国成功地建立了联邦，赢得了独立。此时此刻，那些敌对国家，如英国、伊朗之流，依然抱着旧梦不放，认为胜利和统一对于我们这样的国家仍然是遥不可及的目标。这些国家千方百计地在酋长国之间，在家族之间制造分裂，他们竟然一度成功地在两个兄弟之间打进一个楔子，他们希望我们被仇视、怨恨，还有敌意所主宰，好让他们等待机会收获他们的下作行为带来的丰厚利润。

那些国家还一度怀疑联合酋长国的儿女是否有能力实现他们的理想。他们虽然已经撤离，但他们留下的内奸和代理人仍在密谋反对这个国家，一个从来不对任何人抱有敌意，也从来没有因为种族或地域原因歧视他人的国家。

很久以来，我们这个国家深受外来入侵者之害，他们长期掠夺性开采我们的资源，他们走私贩毒，败坏我们国家的名声、窃取我们的财产、破坏我们的经济。

然而，我们的航船不但成功地继续航行，而且现在又有了一位为我们指引航向的智慧的船长。我们的船长是这样一位领导人，他在1973年“斋月战争”[1]期间做出历史性的决定，对阿拉伯的敌人实行石油禁运，而那时正是犹豫和恐惧处于顶点的时刻；他庄严地宣布“阿拉伯的石油并不比阿拉伯的血更贵”！这句名言打动了亿万阿拉伯人的心；他是这个国家的舵手，是国家复兴的总设计师。

亲爱的兄弟们，我是联盟最坚定的支持者之一，这不是什么秘密。1973年我曾对谢赫扎耶德总统殿下说，这个国家必须统一。总统的回答，言语充满了智慧，他说：“不要操之过急，假以时日，我们所希望的统一自会水到渠成。”如今，我们到达了这里，在我们苦苦等待之后，在做出了必须做出的一个个艰难选择之后——谁都不可否认，我们已经朝着统一迈出重要的步伐。

你们要求一切都必须做到公开、透明，这是你们的正当权利，尤其是在我们已经对很多不值得我们信任的人表现出极大的宽容之后。我们之所以这样，不是因

1　第四次中东战争，又称“十月战争”。

为我们的软弱或自满，而是因为慷慨和宽容是我们这个国家的天性。但是，我们必须揭露那些丑恶行径，因为从此以后我们将不再容忍任何人以任何形式伤害这个国家！我们将不惜一切代价反击冒犯这个国家的人！有人错误地认为，联邦为掠夺和侵吞行为，为谋取个人私利或地方利益的行为提供了机会。然而我认为，而且深信，联邦意味着对我们所珍视的国家的奉献、慷慨、真诚、忠实，还有热爱！

兄弟们，现在我想谈另外一个问题，最高预算委员会的问题。

去年底，预算方案提交联邦最高委员会的时候，预算过于庞大，难以执行。因此，最高委员会任命了一个专门委员会重新审议预算方案。在工作开始后的第一周我们就发现自己在问题的海洋中挣扎。下面列举的是其中的部分问题：

一方面政府各部之间相互误解，另一方面财政部自身对政策也有误读。财政部被认为对支出控制过于严厉，以至于其他各部认为此举是不信任的表现。这是因为缺少规范双方关系的机制。

政府各部与负责招聘政府雇员的公务员事务局之间也有误解。他们之间的关系同样缺少管控机制。

法规的不足、缺位或低效导致多个工程项目受到干扰。

与私营部门相比，政府雇员的工资标准过低，已经导致工作消极，人浮于事的情况出现。然而，国家的快速发展和周围世界的变化，我们所有人都有目共睹，这就促使某些部门申请为雇员加薪，因为消费品价格在上涨，或者雇员工资与国外同行相比偏低，抑或是因为这些部门希望在与其职能相关的各领域保留有经验的雇员。

鉴于以上种种原因，内阁同意提高下列公共部门和职业的薪金标准：教育、卫生、药剂师和兽医、清真寺伊玛目和宣礼员，以及警察和军队。

但这也产生了负面影响，因为那些没有加薪的部门和职业感到被国家忽视了，导致服务水平和工作效率下降。这明显违反《联邦法》（1973）第八条119款。

这一情况要求预算方案提交前应增加相应的约束条件。于是预算委员会对部分领域进行了审查，包括：公务员制度、职业分类、会计/审计制度、《招标与竞卖法》以及《商店采购与仓储法规》。

对于公务员制度，预算委员会考虑采纳政府雇员迪万制度，或者改革现有公务员制度。经过漫长的讨论，预算委员会同意修改现有制度，并增加一些条款。主要原因有二：首先，公务员制度已经存在，而且公务员对之比较熟悉；其次，《公务员法》对现有制度有管辖权，而政府雇员迪万制度尚未实施。

预算委员会还着重审查了其他几个亟需解决的问题，比如在职业分类方面，具体就业资格、要求或条件还处于空白状态。我们听说，某个部的工程师的薪金可以是其他部门的两倍，而他们的资格和工作年限相当。职业岗位应该按照学历和实际经验划分，但这个标准在我们这里并不适用。至于会计/审计制度，预算委员会决定将该问题的讨论延后至夏季过后的第一次会议期间，以免干扰其他的相关工作。关于《招标与竞卖法》，要求政府的每一个部都提出各自的采购制度与程序。关于《商店采购与仓储法规》的内容，预算委员会认为这是一个行政管理程序，用来约束与储存商品有关的原则和规定，并列出所有商品的清单，以避免重复采购，杜绝浪费。

根据上述情况的观察，我们可以得出下列结论：首先，关于公务员制度，迫切要求公务员局与政府各部的合作，亟需相应的限制条件以规范双方的关系；其次，关于与招标、拍卖，以及直接采购有关的法规，应赋予政府的每个部一定的权利，便于他们与财政部的合作，从而保证招标、竞卖和直接采购顺利进行。

关于预算问题，因为财政部长阁下已对预算的各条款做了说明，我在这里不再重复。但是我也了解到，联邦最高委员会的一些兄弟成员对预算表达了看法，其中第一点就是预算的推迟问题，这是由于政府各部今年和委员会讨论预算时，还不能熟练运用新的讨论程序；第二点是新工程的规模问题，有些项目已经停工多年，等待完工，原因是公共工程部的项目执行能力还远远不能适应它所承担项目的规模。所以，1974年、1975年、1976年以来未完工的工程将被合并，一年内完成。

兄弟们，我现在必须转向另一个重要问题，而且非常有必要公开谈论这个问题。

我相信各位会同意我的这个观点，国家的科学规划代表了我们对未来的展望，关系到这个国家将以何种面貌呈现于世界，这一切有赖于知识与合理的规划。轻重工业，人力资源，还有农业、工业、文化，以及社会发展的愿景，所有这一切无疑都是我们需要的，而所有这一切都需要科学、合理的规划。我们必须清楚哪些项目是特定的时期内必须建设的项目，诸如此类的问题我们都必须清楚。

众所周知，如果没有基于实际需求的规划，一个国家就不可能正常运转。规划应该始于对未来的展望并针对特定的时期，然后再确立执行规划的机制。为了明确发展的愿景，有必要成立一个“国家规划最高委员会”，它的职责就是制定规划，并跟踪规划执行的各个阶段，它还应该具有在不同阶段调整计划的能力，对计划的正确与否做出判断，在重新思考后回到正确的轨道，等等，不一而足。

如果诸位考虑联合酋长国目前的现状，就会注意到65万人口中，25万是本国人，其余则是其他阿拉伯国家和非阿拉伯国家的人。那么在这种情况下，我们应该有怎样的工业化规划呢？如果我们计划提升联合酋长国的工业化水平，那么就需要提高外国人占比。

有人会问：“如果这样的话，真的会有危险吗？”我的回答是，每一个问题都会有相应的解决办法。但是，我们面临的危险更多是在社会方面，因为在未来的若干年，联合酋长国的本国人口会持续居于少数。这个问题的另一方面是，如果我们计划修建更多的工程，就会出现一种不同的比例变化。联合酋长国目前的男女比例是5:1，如果要为新建的工业项目引进更多的外来人口，我们就必须计算一下目前的男女比例会发生什么样的变化。换句话说，任何建设项目都必须事先做好论证，这样做的优势不可低估。

另一个与劳动力和政府雇员招聘有关的例子是加工业所需的原材料，生产原材料并不需要大量人工，合理的规划将有助于我们在实际需求的基础上解决这个问题。我们的国家缺少原材料，这是无可争辩的事实，但是我们有充足的能源，可以此为基础发展劳动力需求小的石油化工业。这是合理规划带来的又一优势，当然，我们还有许多其他优势。

兄弟们，我的演讲到此即将结束，非常感谢各位的耐心倾听。我想强调的是，我们对各位充满信心，并且始终希望你们能够取得应有的成就。同时，身为国民议会代表，各位必须付出比以往更多的努力，维护这个国家的联合与统一，你们必须为联合与统一大声疾呼，高唱赞歌！这是我们要传达的信息，作为最高立法机构，这同样也应该是你们要表明的态度。我们的大众媒体作用重要，也应该传达同样的信息，大力强调和凸显我们阿拉伯和伊斯兰的身份认同：我们是宪法规定的阿拉伯和穆斯林国家；我们的价值观必须在学校、俱乐部，以及全社会得到实现。这也是我们所有的人必须用全部的忠诚与诚实来传达的信息，更是我们以全部的虔诚为之献身的信条!

愿真主引领我们国家走向最美好的未来，祝愿联邦国民议会在谢赫扎耶德·本·苏尔坦·阿勒纳哈扬总统殿下的领导下取得成功!

谢谢大家!

预算与政策

我的演讲一结束，联邦国民议会的代表的提问和质询就接踵而来。第一个提问的是纳赛尔·卢塔，他想了解国家对外国人在联合酋长国拥有土地和财产的政策，对于这个问题有无具体的规定，尤其是考虑到很多外国人购买土地财产后在上面建房，并出售给酋长国公民，然后回到他们自己的国家，结果造成联合酋长国的现金流失。我回答说:

内阁已经成立了一个委员会专门调查此类与内部安全和经济有关的问题，重点是涉及外方人员或公司的商业项目。该委员会还负责处理非本国人占有土地，以及工业项目的协调与合作问题。联邦最高委员会已经讨论过此类问题，并已采取适当的应对措施，包括内务部受命确保不得雇用50岁以上的外籍工人，而且50岁以上外籍人士须身体健康方可入境，且停留时间最长不得超过24个月。与此同时，联邦最高委员会还要求《劳工法案》切实得到执行，并专项运动查实非法居留人员。而且，内阁下设委员会被提出解决问题方案，确保外籍人士不得拥有财产，本国人不得成为外籍人士财产交易的参与方。该委员会还将与科威特、沙特阿拉伯、卡塔尔建立联系，以便获取与此类问题有关的法律方面的经验。关于工业化问题，规划部长已受命开列国家清单，制定相关计划，确保国内工业项目不存在冲突。

第二个问题来自艾哈迈德·苏尔坦·贾贝尔代表，与临时宪法有关。当时国家仍处在临时宪法过渡期，联邦最高委员会已决定成立一个专门委员会负责起草永久宪法。但草案完成后，永久宪法议题被推迟，即便是临时宪法那时也没有得到完全落实。关于这个问题，我回答说：

> 这个国家成立时我们还处于分治状态，联邦和公共利益的敌人仍在那里蠢蠢欲动，企图制造更多的麻烦。关于我们的联盟问题，谢赫扎耶德殿下说，给我们时间，我们的目标将会实现。我们有必要把两年前的情形和今天的进步做一下比较，我可以肯定地说，联邦90%的目标已经实现，安全部、国防部、公共媒体部，以及很多地方机构已经成功合并，而且是在相当短的时间内完成的。我记得有一位兄弟在开罗的时候问谢赫扎耶德殿下，“开罗和亚历山大港怎么可能起争端呢？”谢赫扎耶德回答说：开罗和亚历山大港联合了的时候告诉我，那时候我会告诉你答案。

我回答问题时还提到，我就统一国家的重要性问过谢赫扎耶德，他说，不能操之过急，这一点很重要，假以时日，联盟将水到渠成。我接着说：

> 不错，拥有一部永久性宪法有很多好处，但是如果不能就永久宪法的所有条款达成共识，也就不会有联盟，没有了联盟，这些好处也就无从谈起。另一方面，临时宪法让我们有充分的时间为联盟做准备，而不必受限于宪法的措辞。
>
> 我本人一直是永久宪法的坚定的支持者，但是我最终意识到，促成联盟的因素和阻止建立持久联盟的因素实际上一样多，所以联邦最高委员会推迟审议用旧宪法，用更多的时间讨论那些重大问题。我认为，如果新宪法会束缚我们的手脚，那么我们最好就不要抱住它不放；如果临时宪法让我们工作起来宽松自由，那么我们就继续完善，将那些有利于最终联盟的因素写入临时宪法。

关于这个问题，我最后说："至于目前的问题，我希望它们只是暂时的，不至于影响我们的观感，或者国家发展的进程。我们的国家需要爱她的人慷慨且乐于付出。毫无疑问，我们都爱自己的国家，都希望她有最美好的未来。"

艾哈迈德·拉赫马·阿姆利接着问："殿下，您刚才说没有科学的规划，我们的国家就不可能实现她的未来，而且规划只有通过最高规划委员会制定。那么，现在是否已着手成立该规划委员会？您对临时宪法感到满意吗？"我回答说：

> 我们是一个穆斯林国家，当我们使用"宪法"这个

词，并且意指“法律、章程”的时候，很多人会感到困惑，因为《古兰经》才是真正的“宪法”。所以，由于我们是一个穆斯林国家，我必须遵守的是这个“宪法”的规定，也就是《古兰经》的规定。

关于我对临时宪法是否满意这个问题，我只能说它表达了我们愿望的65%至70%。令人担心的是，我们可能会不经意地浪费掉联盟目标的30%。

关于规划委员会，我们一直在讨论资金问题和必要的制度。我们还发现，规划必须是全面的，需覆盖国内的每一个村庄，我们必须这么做，因为我们要凸显一个事实，那就是我们都同属一个国家。

我们发现，有些村庄中，60个家庭居住在10座房子里，还有的村庄不通电，缺少必要的生活设施。这就是为什么我们要求规划部对照联合酋长国地图，制定出一份联邦规划，把所有的村庄都包括在内，以便我们掌握全国的生活状况，以及学校、医院和其他生活服务设施的需求情况。相关工作正在推进，我们将对这一问题有全面的了解。

夏季过后，最高预算委员会将到这些村庄和相关场所实地查看，了解当地的生活情况。除了制定预算计划，预算委员会还将会同规划、工程、教育，以及其他所有相关部门，前往每一个村庄实地考察，明确他们的需求，确认已完成的项目和需要进一步解决的问题。

大家会看到，明年的绝大多数工程将集中于村庄的生活服务设施建设，还有贝都因人的生活区建设，因为他们的生活非常贫困。那些地方的居民相比其他地方更需要帮助，因为后者的人均收入至少可以满足体面生活的需求。

哈马德·布·谢哈布问道："殿下，您可以看到，国家预算支出集中在财政部手里；我们也注意到在过去的五年里，前来国民议会商量事情的部长们都会抱怨说财政部是所有问题的原因。另外，我想问一下安全部门的合并情况，是真正意义上的多家并一家的合并，还是一种协调？第三，《商务代理法》的进展如何？我们发现99.9%的此类代理机构都由外国人经营。最后一个问题是，制定新工资标准所依据的原则是什么？"我回答说：

人们谈论财政部的时候，好像对它有不少误解。在发现问题的症结之前，我本人也在误解财政部的那些人当中。问题的症结在于我们缺少管理财政部和其他部门关系的原则和规定。所以，实际发生的情况就是，财政部依其工作性质必须在资金使用上十分苛求，别人出于信任把钱交给你管理，为了不辜负信任，你就必须格外小心。财政部对超支现象十分警惕，出于同样的原因，一些部门抱怨说他们连支出五千迪拉姆的权力都没有。

现在，协调财政部与其他部门关系的规章制度已经制定，赋予各部充分的权力，一些部门有权支配从最高预算委员会获得的50%的资金，部长们表示满意。我可以这么说，今后不会再有人抱怨财政部或服务局。

关于《商务代理法》，我曾经提到，作为内阁下设委员会的任务之一，该委员会将关注邻国一直以来如何处理此问题。关于警察部门，据我所知，警察部队的所有事务都完全由联邦负责，包括财政支出和办事程序。

关于薪金标准的问题，各项标准将交由你们审议。我听说，有人提议降低最高工资水平，提高最低工资标准。我想说的是，公务员加薪并非涵盖所有的雇员，比如，军队和警察部门的雇员、医生、教师，还有兽医，都不在加薪之列。上述职业的工资一直在涨，以至于其他公务员感觉受到了不公正待遇，而正是他们保证了政府机器的正常运转，也正是他们肩负着为国家处理各种难题的责任。作为工资问题的直接后果，公务员中出现了工作漂浮和懒政现象，并有挪用公款、受贿等情况的发生，这些行为与我们的社会观念格格不入，是我们完全不能接受的。我个人并不怀疑公务人员的诚实，但是工作粗心大意、效率低下已经导致许多建设项目的停工，使我们本应取得的成就大打折扣。

因此，有必要研究一下我们联合酋长国的生活水平，并与卡塔尔、沙特阿拉伯和科威特做一番比较。我们仔细研究了这些国家的工资标准，发现其中有的比我们高，并且在过去几年逐渐达到我们的两倍，而我们却原地不动。在沙特阿拉伯，我们发现因为政府有多种补贴，生活开支就比较低；在科威特，有各类合作社低价出售生活必需品。至于我国的工资标准，它并不像有些人认为的那样，只是钱多钱少的问题。所以，我们已经做出努力，将工资标准提高到一个合理的水平。

第十章

扎耶德在德黑兰

1977年10月，谢赫扎耶德·本·苏尔坦·阿勒纳哈扬殿下收到伊朗国王穆罕默德·礼萨·巴列维的访问邀请。谢赫扎耶德接受邀请，访问时间定在1977年11月1日。

在和我的朋友基姆·罗斯福一番交谈之后，伊朗国王请我为谢赫扎耶德的访问打前站。1951年，穆罕默德·摩萨台[1]当选伊朗首相，推行伊朗石油工业国有化，那时候罗斯福先生是美国驻这一地区的情报官。摩萨台当选首相后，巴列维国王逃离伊朗，罗斯福于1953年成功地让巴列维重归王位。

在去伊朗面见国王巴列维之前，基姆·罗斯福来沙迦见我，我和罗斯福先生就他们即将对伊朗的访问进行了交谈。

我对罗斯福说："谢赫扎耶德是一位可以信赖的朋友，我对他非常了解。但是伊朗国王对扎耶德的了解完全基于错误的信息，我希望国王把谢赫扎耶德当作一位朋友。所以，谢赫扎耶德

1　1951年至1953年间出任民选的伊朗首相，但在1953年被美国中央情报局策动的政变推翻。政变后，摩萨台在狱中度过三年，接着被软禁家中，直至1967年逝世。

在德黑兰必须受到热烈欢迎，以表明巴列维国王已经改变了他之前对扎耶德的看法。

去伊朗之前，我安排了对也门和苏丹的官方访问。这里我先交代一下这两次访问，然后再回到访问伊朗的话题。

前文提到，阿拉伯也门共和国总统易卜拉辛・哈姆迪1976年11月20日出访北京途中，在沙迦停留一天，他当时邀请我访问也门，时间待以后商定。后来我们把访问时间定在1977年下半年。但是，哈姆迪总统于1977年10月12日遇刺身亡，结果我的访问未能成行。出访苏丹也是早前的安排，但在去年被推迟，原因是在我到访前夕苏丹政府处决了一批政变军人。但是新的访问安排最终还是得以确定，1977年10月22日，我们开始了访问苏丹的行程。随行的代表团成员包括：

> 国务部长，谢赫艾哈迈德・本・苏尔坦・卡西米阁下；负责国内事务的国务部长，哈茂德・本・阿里・扎赫利阁下；教育与青年部长，阿卜杜拉・本・伊姆兰・本・塔里亚姆阁下；联邦国民议会发言人，塔里亚姆・本・伊姆兰・本・塔里亚姆阁下；沙迦礼宾司司长，苏尔坦・苏韦迪先生。

我们的飞机降落在喀土穆机场，带队欢迎我们的是苏丹第一副总统阿布-卡西姆・穆罕默德・易卜拉辛先生，拉希德・塔希尔・贝克尔先生与苏丹政府几位部长和高级官员也到机场迎接。

访问期间，除了会见苏丹总统贾法尔・尼迈里，我们还考察了半岛农业工程项目。

访问伊朗

1977年10月25日，我和我代表团一起从喀土穆飞往德黑兰，几位伊朗官员到机场迎接。后来，在王宫和巴列维国王会谈时，我和他谈到谢赫扎耶德。我问国王：“您和基姆·罗斯福见过面了吗？”

巴列维国王脸上露出笑容，说：“是啊，我们见过面。您希望为您的朋友（谢赫扎耶德）争取到什么呢？”

“应有尽有的尊敬和非常隆重的欢迎仪式。”我回答。

国王对我说：“您就和努赛里（伊朗情报部门‘萨瓦克’的负责人）谈这件事吧，他会完全按照您的要求安排。”

谈话结束后，我们离开国王的办公室，他一直陪我走到他的汽车前，甚至还亲自为我拉开车门。然后他开车带我们参观他的王宫建筑，我们刚才会面的办公室位于王宫的一侧。

我和国王来到马吉利斯，我的代表团正在那里等候我们的到来。国王和他们一一握手问候之后，我们一同步入用餐区。侍者端上米饭的时候，哈茂德·本·阿里·扎赫利阁下取了一粒米，用他的食指量米粒的长度。巴列维国王看到后对他说：“这是一种长粒米，煮饭的时候米粒很容易断裂。但是有一种特殊的方法可以防止断裂，很简单，你只需把米放入热水，用小火煮，开锅后把水沥干。”

哈茂德·本·阿里·扎赫利阁下回答说：“王之米乃米之王。”

当天晚上，伊朗首相阿穆泽加尔邀请我们赴晚宴，坐在我右手边的是努赛里先生，他告诉我，国王已经吩咐他和我商量谢赫扎耶德访问德黑兰的所有特别安排。

“对于谢赫扎耶德这样的要人来访，会有哪些安排呢？”

我问。

努赛里回答说："规格和其他国家元首一样。"

我又问："如果要高于一般国家元首的礼遇，你们会怎么做呢？"

"伊朗国王正式出访回国时的礼遇，或者他正式出访送行时的礼遇。"努赛里这样回答。

我接着说："那就请您详细描述一下。"

努赛里向我解释说："在正式的欢迎辞和检阅仪仗队之后，国王会乘坐白马拉的金色马车，马车的左右两边各有150名骑手护卫。队伍一直行进到国王纪念广场[1]，那里有手持香薰炉的年轻女子表演传统舞蹈。"

听努赛里说完，我对他说："我希望谢赫扎耶德的欢迎仪式完全照此办理。"

"您说什么？如果我照此安排，那些访问过伊朗的国家元首会感到愤怒，以后来访的也会提同样要求。"

"您可以就我提出的要求请示国王，如果他说不，那么他怎么对待客人是他自己的事。"

努赛里先生离席而去，不久又返回。他把手压在我的右手上，对我说："国王已经答应您的要求。"

1977年10月28日，星期五。我从德黑兰返回沙迦，等待我的却是外交事务部长赛义夫·加巴什在阿布扎比机场遇刺身亡的消息，暴行令人震惊。

那天，叙利亚外交部长阿卜杜勒-哈利姆·哈达姆访问阿布扎比，赛义夫·加巴什阁下是接待委员会成员。刺客的目标是哈

1　1971年修建，1979年巴列维王朝被推翻后改名为"自由广场"。

达姆先生，但却击中了外交部长加巴什，他当场身亡。

事后我回忆起与叙利亚总统哈菲兹·阿萨德的一次私人会晤。应我的要求，会晤时间定在3月21日，也就是我访问叙利亚行程的最后一天。那次访问始于1977年3月18日。

会晤那天，我正准备向阿萨德总统解释要求会晤的原因，哈达姆先生走了进来，我欲言又止。房间里静默了一段时间之后，我意识到自己该离开了，于是起身向阿萨德总统道别。

第二天，在我离开宾馆去机场前，阿萨德总统打来电话，要求哈达姆先生和车队照常出发去机场，谢赫苏尔坦·卡西米独自返回与总统见面。

“阿卜杜勒-哈利姆·哈达姆进来的时候，你为何停下不说话了？”见面时，阿萨德总统问我。

我说：“因为我正要谈关于哈达姆先生本人的事情。”

“他的什么事？”

于是，我说出了详情：“到达大马士革后，我们去哈达姆先生的办公室见他，谈话间，他不停地咒骂萨达姆·侯赛因和他的集团，发出各种威胁，说什么一个小时就能占领巴格达；他还不断地诅咒亚西尔·阿拉法特和他的巴勒斯坦同事。总统先生，他说这些话的时候，很多人在场，包括我的随行人员。这种言词不仅会给哈达姆先生个人带来麻烦，叙利亚也会受到影响。”离开阿萨德总统之后，我还在想自己刚才的话是否不妥。具有讽刺意义的是，哈达姆先生自己成为了刺杀目标，而且刺客是一名伊拉克裔巴勒斯坦人，恰恰是哈达姆先生威胁要置于死地的人。刺客被我们的安全部队抓获。

阿布扎比机场枪击案发生后，联邦最高委员会和内阁于1977

年10月29日召开紧急会议。最高委员会发布的声明说："保卫国家安全和人民生命的责任要求我们为此目的采取一切必要措施，目前的局势还要求我们严厉打击作恶和违法分子。"联邦最高委员会在讨论该议题的过程中发现，为充分保障安全，目前已有的措施还不够完备。

德黑兰隆重欢迎谢赫扎耶德

1977年11月1日，星期二。这天上午在阿布扎比机场，我和联邦最高委员会成员一起为谢赫扎耶德·本·苏尔坦·阿勒纳哈扬总统殿下送行，总统将前往伊朗进行正式访问。送走总统后我回到沙迦，进入长时间等待的状态，焦急地等待关于谢赫扎耶德殿下抵达德黑兰机场时，伊朗举行官方欢迎仪式的消息。直到第二天，我才在《联合报》上读到相关报道。报道说：

> 昨天，伊朗迎来了尊贵的客人，阿拉伯联合酋长国总统谢赫扎耶德·本·苏尔坦·阿勒纳哈扬殿下，将对伊朗进行为期六天的正式访问。谢赫扎耶德于中午十二点抵达德黑兰机场，官方的欢迎仪式吸引了大量的民众。谢赫扎耶德殿下此次到访，是应伊朗国王穆罕默德·礼萨·巴列维陛下的正式邀请，伊朗国王亲自到德黑兰国际机场迎接谢赫扎耶德殿下。一同迎接的还有国家高级官员、政府部长，以及驻伊朗的阿拉伯和其他国家的外交使团成员。
>
> 飞机降落后，阿拉伯联合酋长国驻德黑兰大使伊萨·哈勒凡阁下登上飞机，陪护总统殿下走下舷梯。伊

朗国王穆罕默德·礼萨·巴列维陛下在舷梯旁迎候谢赫扎耶德殿下。长时间的拥抱之后，两国元首进行了简短、亲切的交谈。随后，一位小姑娘走上前，向伊朗的尊贵客人，扎耶德殿下献花。

接下来，谢赫扎耶德总统殿下向伊朗国王陛下一一介绍访问团成员，国王陛下也介绍前来迎接的伊朗高级官员。

总统殿下向欢迎他的伊朗官员一一致意问候，然后和国王陛下一同走向在机场搭建的观礼台。观礼台的入口和出口都悬挂着联合酋长国和伊朗的国旗，整个机场到处都装点着鲜花。奏两国国歌后，为伊朗的尊贵客人谢赫扎耶德殿下鸣放二十一响礼炮，与此同时，七架喷气式战斗机从上空飞越，向贵宾表示敬意。然后，两国元首检阅了大约由两百人组成的仪仗队。

检阅完仪仗队，两位元首回到观礼台，观看精彩的军事表演，时长约七分钟。在整个表演的过程中，军乐队在观礼台四周演奏军乐。表演结束后，总统殿下和国王与阿拉伯联合酋长国驻德黑兰大使馆的工作人员握手问候。

机场的官方欢迎仪式结束后，迎宾队伍向国王纪念广场出发。两位元首乘坐由六匹白马牵引的皇家马车，护卫马车的是四列骑兵卫队，由150名骑黑色骏马的骑手组成。通向广场的道路沿途都悬挂着阿拉伯联合酋长国国旗，道路两边站满前来欢迎的民众，有学校的男女学生，也有成年的伊朗民众，他们挥舞手中的联合酋长国国旗，向伊朗的尊贵客人谢赫扎耶德殿下致敬。队伍从夹道欢迎的人群中穿过，人群中男女老幼都有，他们高喊欢迎口号，每个人脸上都笑容绽放。他们不顾初冬季节罕见的12摄氏度的低温[1]，一大早就在这里等候。

迎宾巡游队伍到达国王纪念广场，两位元首走下皇家马车。广场呈圆形，占地两万平方米，包括草坪、花圃、花园，还有三十多个喷泉。广场上同样挤满了伊朗民众，两位元首向他们挥手致意。

在广场上，两名伊朗男女少年点燃香薰炉，向谢赫扎耶德殿下表示敬意。接着，扎耶德殿下和他的兄弟，伊朗国王并肩沿着通道走向广场中心的纪念塔。通道两旁，伊朗青年鼓掌欢迎扎耶德殿下的到来。在纪念塔下，德黑兰市长致欢迎辞，高度称赞联合酋长国和伊朗的友好关系。然后，市长向谢赫扎耶德殿下赠送了"城市之礼"，四只咖啡壶造型的银质工艺品，总统殿下表示感谢，并接受了礼品。

两位元首离开广场前往古勒斯坦宫，那里是总统殿下访问伊朗期间的下榻处。

很多人认为这是一次成功的访问，访问改善了两国关系，增进了两国间的相互了解。

1　资料显示，德黑兰11月平均气温为16.2摄氏度。

后记

一份来自谢赫扎耶德·本·苏尔坦·阿勒纳哈扬殿下的珍贵礼物，把阿拉伯联合酋长国的第六个年头带入高潮。1977年11月10日，谢赫扎耶德总统殿下宣布阿拉伯联合酋长国大学成立。总统殿下在成立仪式上发表演讲，他说："最好的投资就是将金钱用于培养受过良好教育的下一代。"他还说："现在是重振我们的辉煌的时候了！为达此目的，金钱或许不是唯一的手段，但金钱必须与知识相配，因为知识引领人生的规划，让开明的心智指引人生之路。否则，金钱与粪土无异，只会留下贫困和愚昧！"

1977年12月5日，星期一。联邦最高委员会当天上午召开由谢赫扎耶德殿下主持的会议，各酋长国酋长到会。会议做出若干重要决定，以支持联邦的继续发展，其中包括：最高委员会赋予内务部更广泛的权力，强化安全措施，严控非法入境；禁止地方当局干预规划和定居权事务；进一步研究联邦武装力量的重组问题；加强内阁在全国范围内执行联邦法律、法令，以及决定的权力 。上述决定首先意味着支持和强调联邦的后续发展。

1978年初，105亿迪拉姆的新预算计划出台，谢赫扎耶德殿下批准了五千万迪拉姆的食品补贴，由最高预算委员会执行。谢赫扎耶德殿下还发布法令，为所有获得公共住房的公民发放住房津贴。

联合酋长国在前进的道路上日新月异。1979年3月19日，星期一。在最高委员会会议召开的当天，民众发起了历史上规模最大的游行。游行队伍向最高委员会会议的举办地，首都阿布扎比进发。参加游行的民众高呼口号，呼吁国家的完全联合与统一。谢赫扎耶德殿下非常高兴，他来到游行的民众当中，含着眼泪向他们承诺：“我们将永远向前！”